国家社科基金
后期资助项目

RESEARCH ON THE VALUE OF
DABIE MOUNTAIN'S RED CULTURE IN
STRENGTHENING THE MILITARY

大别山红色文化强军价值研究

杨家余 等 主编

上海社会科学院出版社
SHANGHAI ACADEMY OF SOCIAL SCIENCES PRESS

图书在版编目(CIP)数据

大别山红色文化强军价值研究 / 杨家余等主编；许月明等副主编 .— 上海：上海社会科学院出版社，2024
ISBN 978－7－5520－4360－0

Ⅰ.①大… Ⅱ.①杨… ②许… Ⅲ.①军队建设—研究—中国 ②大别山—革命传统教育—研究 Ⅳ.①E2 ②D642

中国国家版本馆 CIP 数据核字(2024)第 073496 号

大别山红色文化强军价值研究

主　　编：杨家余　等
副 主 编：许月明　等
责任编辑：邱爱园
封面设计：裘幼华
出版发行：上海社会科学院出版社
　　　　　上海顺昌路 622 号　邮编 200025
　　　　　电话总机 021－63315947　销售热线 021－53063735
　　　　　https://cbs.sass.org.cn　E-mail:sassp@sassp.cn
排　　版：南京展望文化发展有限公司
印　　刷：上海龙腾印务有限公司
开　　本：710 毫米×1010 毫米　1/16
印　　张：12
字　　数：214 千
版　　次：2024 年 6 月第 1 版　2024 年 6 月第 1 次印刷

ISBN 978－7－5520－4360－0/E·040　　　　　　　定价：88.00 元

版权所有　翻印必究

国家社科基金后期资助项目
出版说明

　　后期资助项目是国家社科基金设立的一类重要项目,旨在鼓励广大社科研究者潜心治学,支持基础研究多出优秀成果。它是经过严格评审,从接近完成的科研成果中遴选立项的。为扩大后期资助项目的影响,更好地推动学术发展,促进成果转化,全国哲学社会科学工作办公室按照"统一设计、统一标识、统一版式、形成系列"的总体要求,组织出版国家社科基金后期资助项目成果。

全国哲学社会科学工作办公室

主　编　杨家余　贾　瑛　吕　杰　周泉兴

副主编　许月明　汪　翔　武　欣　侯　阳　张　磊

前　　言

　　中国共产党自成立以后,在领导广大军民为实现中华民族伟大复兴的奋斗历程中,逐步形成了内涵丰富、影响深远的红色文化。红色文化是中国共产党和中华民族的宝贵财富,对中国近代历史发展进程产生了积极而重大的影响。进入21世纪,国内学术界逐渐重视并掀起了研究红色文化的热潮,成为学术研究领域一道靓丽的风景线。这种学术现象的出现,与国家颁布的各项红色旅游发展规划紧密相关。2004年12月,中共中央办公厅、国务院办公厅印发了《2004—2010年全国红色旅游发展规划纲要》(以下简称《纲要》),明确规定了发展红色旅游的总体思路、总体布局和主要措施,此后全国各地按照《纲要》的相关规定积极行动,红色资源得到深度开发,红色旅游、红色文化产业开始蓬勃发展,这在一定程度上推进了学术界对红色文化特别是红色旅游及其经济与社会价值的研究。2011年5月,中共中央办公厅、国务院办公厅再次联合下发了《2011—2015年全国红色旅游发展规划纲要》,明确将红色旅游首先定位为政治工程、文化工程,其次是经济工程、富民工程。这个定位强调了红色旅游的"红色"特质,强调了红色旅游应以社会效益为主、经济效益为辅。自此以后,接续的全国红色旅游发展规划纲要陆续印发,宣传弘扬红色文化、开发利用红色资源,与传承和创新中国共产党自创立以来所形成的革命精神、优良革命传统和革命历史文化资源更为紧密地联系在一起,并逐渐成为人们的行动自觉。在此背景下,学术界在继续展开红色旅游及其经济价值研究的同时,逐渐将研究重点转向红色文化精神层面的研究。

　　大别山红色文化,是我国红色文化的重要组成部分,也是我国红色文化的"源头"之一。它是大别山地区广大军民在中国共产党领导下展开的持续不断、艰苦卓绝斗争中形成的,内涵丰富,影响深远。作为地域性的大别山红色文化研究与中国红色文化研究的进程完全相契合。通过梳理文献我们发现:2010年之前,大别山红色文化研究主要集中于红色旅游及其经济价值的实现;2010年之后,在继续关注红色旅游研究的同时,学术界展开了对大别山红色文化精神层面的研究,研究成果不断增多,研究深度不断加强,研究广度不断拓展,研究视角不断聚焦。在大别山红色文化研究过程中,以湖北的黄冈师范学院、河南的信阳师范学院、中国人民解放军陆军炮兵防空兵学院为依托的大别山红色文化研究平台先后成立,这对进一步推动大别山红色文化研究的持续展开起到了重要作用。

从研究成果的内容上看,近年来大别山红色文化研究主要集中于理论与实践两个层面。理论层面的研究主要是关注与大别山红色文化相关的理论问题,实践层面则主要是对大别山红色文化与现实问题展开关联研究。理论层面研究的内容包括:大别山红色文化的形成[1]、大别山红色文化的概念[2]、大别山精神的内涵[3]、大别山红色文化的特征[4]、大别山红色文化和大别山精神的功能价值[5]、大别山红色文化的历史地位[6]、大别山精神与其他红色精神的比较研究[7]等。实践层面的研究内容包括:大别山红色文化与

---

[1] 比如:江峰、汪颖子:《中国红色文化生成的系统要素透析——以大别山红色文化为例》,《北京师范大学学报(社会科学版)》2010年第6期;程昌文:《大别山精神的形成要素研究》,《内蒙古财经大学学报》2017年第3期等。

[2] 比如:周平:《大别山红色文化:定性·创新·传承》,《湖北广播电视大学学报》2010年第6期;梁家贵:《略论大别山红色文化》,《理论建设》2014年第3期;汪谦干:《谈谈大别山红色文化的内涵》,《安徽日报》2015年6月23日;张果:《大别山精神的科学内涵、当代价值与弘扬路径》,《求知导刊》2015年第12期;胡遵远:《对大别山精神的再探讨》,《党史纵览》2017年第1期等。

[3] 比如:刘国胜:《大别山精神综述》,《党史天地》2007年第12期;朱慧花:《论大别山精神》,信阳师范学院硕士论文,2010年3月1日;刘利:《大别山精神的科学内涵及其时代价值》,《学习月刊》2014年第10期;石仲泉:《"大别山精神"刍议》,《苏区研究》2017年第4期;李平:《大别山精神的内涵与当代价值》,《人民政协报》2018年5月17日等。

[4] 比如:刘保昌:《大别山红色文化禀赋论》,《孝感学院学报》2011年第5期;刘晖、侯远长:《大别山精神:内容特征及传承》,《中国延安干部学院学报》2016年第1期等。

[5] 比如:石功鹏、居继清:《对大别山红色文化资源价值及其利用的思考》,《黄冈师范学院学报》2010年第5期;刘喜元:《大别山红色非物质文化资源的表现形式及其价值》,《信阳师范学院学报(哲学社会科学版)》2011年第4期;张果:《大别山精神的科学内涵、当代价值与弘扬路径》,《求知导刊》2015年第12期;夏慧、汪季石:《基于文化哲学视角的大别山红色文化多重价值论析》,《学校党建与思想教育》2016年第16期;梁家贵:《略论红色文化的内涵、研究方法及当代价值——以大别山红色文化为例》,《红色文化资源研究》2017年第1期;张晓路:《"大别山精神"的当代价值》,《科教文汇(上旬刊)》2017年第8期;汪勇:《大别山精神的时代价值与实践意义——以中国共产党精神家园建设为视角》,《皖西学院学报》2018年第1期;李平:《大别山精神的内涵与当代价值》,《人民政协报》2018年5月17日等。

[6] 比如:吕杰、许月明:《论大别山红色文化的历史地位》,《福建党史月刊》2013年第9期等。

[7] 比如:袁继道:《延安精神、井冈山精神、大别山精神比较研究》,《世纪桥》2012年第9期;刘明涛:《延安精神与大别山精神比较研究》,《承德石油高等专科学校学报》2013年第1期;田青刚:《论大别山革命优良传统与长征精神之关系》,《皖西学院学报》2016年第6期;彭润娜:《井冈山精神与大别山精神比较研究》,《法制博览》2017年第24期等。

思想政治教育①、大别山红色文化与当代革命军人核心价值观培育②、大别山红色文化与社会主义核心价值观③、大别山红色文化与红色旅游④、大别山红色文化的传播弘扬⑤等。

---

① 比如：张威、余维祥：《大别山红色文化资源在大学生理想信念教育中的价值探析》，《黄冈职业技术学院学报》2011年第6期；张威：《努力弘扬大别山精神与加强大学生理想信念教育关系探讨》，《黄冈师范学院学报》2011年第2期；徐杨巧、周平、余维祥：《试论大别山红色旅游的思想政治教育价值及其实现》，《黄冈职业技术学院学报》2012年第6期；麻雪峰：《大别山红色资源的思想政治教育功能和应用路径》，《边疆经济与文化》2013年第5期；张元婕：《红色文化的育人价值与实现路径研究——以大别山红色文化研究为例》，武汉理工大学硕士论文，2013年10月1日；龙刚：《大别山红色文化资源在高中思想政治课的活化运用研究》，黄冈师范学院硕士论文，2015年4月24日；冯金丽：《刍议大别山红色文化资源在高校思政教学中的应用》，《科教导刊（中旬刊）》2016年第3期；吴昊：《大别山地区红色资源在高校思政课教学中的运用研究》，《湖北函授大学学报》2016年第7期；汪晓冰：《大别山红色文化在中学德育中的运用研究——以黄冈大别山红色文化运用为例》，华中师范大学硕士论文，2017年5月1日；岳宗德、李明：《红色文化实践育人研究——基于大别山红色文化的思考》，《思想教育研究》2017年第7期；吴昊：《大别山精神融入大学生理想信念教育研究》，《法制博览》2017年第4期；居继清、周平：《大别山红色文化资源是加强廉政教育的宝贵财富》，《经济与社会发展》2011年第6期；张贤裕：《大别山红色文化资源在党性教育中的开发与运用——以大别山干部学院的教学实践为例》，《继续教育》2018年第1期等。

② 比如：吕杰：《大别山红色文化与培育当代革命军人核心价值观探析》，《福建党史月刊》2014年第6期；吕杰、张磊：《大别山红色文化与当代革命军人核心价值观培育》，《红色文化资源研究》2015年第1期；张中廷：《信念铸魂 精神育人》，《中国社会报》2015年12月2日等。

③ 比如：何晓坚：《红色文化对构建社会主义核心价值体系的促进作用——以大别山红色文化研究为例》，《学术探索》2012年第10期；曹祥云：《大别山地区红色文化与社会主义核心价值体系构建》，信阳师范学院硕士论文，2012年3月1日；田青刚：《论红色资源在社会主义核心价值观中的运用——以大别山红色文化资源为例》，《红色文化资源研究》2015年第1期；田青刚：《区域优势红色文化资源视角下的价值观教育——基于大别山红色文化资源的考察》，《信阳师范学院学报》2016年第5期等。

④ 比如：万青：《关于开发大别山地区红色旅游资源的探讨》，《中国农学通报》2006年第6期；张树萍：《皖西红色旅游发展战略研究》，合肥工业大学硕士论文，2006年11月1日；张春锋：《大别山地区红色旅游开发浅议——以湖北省红安县七里坪镇为例》，《经济师》2008年第8期；卢丽刚：《大别山红色旅游资源保护与开发的问题诊断及其应对策略》，《安徽农业科学》2009年第15期；刘洁：《河南省信阳市红色旅游产业政策研究》，华中师范大学硕士论文，2011年10月1日；陈荣芳：《试析大别山红色旅游区域伦理经济的和谐发展》，《生态经济（学术版）》2012年第1期；张善庆：《大别山红色文化旅游资源保护与开发策略》，《衡水学院学报》2013年第2期；杨家余、汪翔：《挖掘安徽省大别山红色文化资源，推动安徽旅游经济发展》，《国土与自然资源研究》2014年第6期；陈芳、马迎霜：《大别山红色革命旅游资源评价指标体系构建与实证检验》，《科技资讯》2016年第21期；汪安梅等：《湖北旅游产业与网络营销耦合分析——基于大别山区16县（市）红色旅游》，《湖北社会科学》2018年第6期等。

⑤ 比如：李晓娟：《新媒体环境下大别山精神传播现状》，《西部广播电视》2014年第12期；夏慧、汪季石：《发扬红色文化的审美价值 促进红色文化的有效传播——以大别山红色文化为例》，《新闻知识》2015年第4期；周敏：《地方院校校园文化对大别山红色文化的传承》，《科技经济导刊》2016年第36期；檀江林、项银霞：《大别山精神的凝炼、表述及时代传承》，《红色文化资源研究》2016年第1期；李新安：《大别山红色基因与传承》，《实事求是》2017年第3期等。

总体上看，大别山红色文化研究的成果数量比较丰富，涉及面较广，在学术界的影响较大，这些成果对于大别山红色文化的后续研究具有重要价值。

但必须看到，大别山红色文化研究仍存有较大拓展空间，有些领域十分重要但较少涉及或者说还没有深入地展开，这当中就包括大别山红色文化强军价值的研究。从资料收集情况看，目前对大别山红色文化强军价值研究的成果屈指可数。不仅如此，从国内红色文化研究领域看，对红色文化强军价值的系统性研究成果也是付之阙如。这种研究状况与当前形势发展和强军要求显得极不相称。贯彻习近平强军思想，建成世界一流军队，开展"传承红色基因、担当强军重任"主题教育，迫切要求重视和加强对包括大别山红色文化在内的我国红色文化强军价值的系统研究，以充分发挥红色文化应有的强军价值，推进强军事业更好更快地向着既定战略目标迈进。

有鉴于此，课题组从2013年起就开始关注、探索红色文化特别是驻地大别山红色文化强军价值研究，该研究得到了原中国人民解放军陆军军官学院科研重点研究课题资助。以此为基础，课题组于2016年申报国家社会科学基金后期资助项目，并获得了立项。

本书是资助项目的研究成果。内容涉及大别山红色文化本体研究、大别山红色文化与实现强军目标关联研究以及大别山红色文化强军价值的应用研究等，对大别山红色文化内涵外延、形成发展、精神内核、基本特征及历史地位等进行了进一步概括和提炼，梳理了大别山红色文化对建设强大军队的历史贡献和现实功效，揭示了大别山红色文化与实现强军目标的内在一致性，提出了实现大别山红色文化强军价值的原则，明确了实现大别山红色文化强军价值的具体方法路径，构建了大别山红色文化强军价值实现的评估体系。

在本书的撰写过程中，我们始终坚持马克思主义的立场、观点和方法，以习近平新时代中国特色社会主义思想为指导，贯彻习近平强军思想，坚持理论与现实相结合，同时注重采用微观与宏观相结合、比较分析法、归纳总结法等一般的问题研究法及军事历史学、军事文化学、军队政治工作学、军事教育训练学等相关学科的理论方法展开研究。

本书具有较为重要的学术价值和现实意义。一是把区域性的红色文化资源——大别山红色文化运用于世界一流军队建设的实践之中；二是拓展了大别山红色文化研究范围，填补了大别山红色文化研究的部分空白。本书对于更好地促进大别山红色文化强军价值在现实中的实现，对于推进"传承红色基因，担当强军重任"工作落地落实，对于培育"四有"新时代革命军人、锻造"四铁"过硬部队意义重大。

目　录

前言 … 1

第一章　大别山红色文化及其历史地位 … 1
　第一节　大别山红色文化的内涵和外延 … 1
　第二节　大别山红色文化的形成发展 … 5
　第三节　大别山红色文化的精神内核 … 20
　第四节　大别山红色文化的基本特征 … 29
　第五节　大别山红色文化的历史地位 … 30

第二章　大别山红色文化对建设强大军队的功能作用 … 36
　第一节　大别山红色文化与实现强军目标的内在一致性 … 36
　第二节　大别山红色文化对建设强大军队的历史贡献 … 46
　第三节　大别山红色文化对建设强大军队的现实意义 … 51

第三章　实现大别山红色文化强军价值的基本原则 … 61
　第一节　把握系统性原则 … 61
　第二节　坚持科学性原则 … 69
　第三节　突出针对性原则 … 75
　第四节　秉持创新性原则 … 79

第四章　实现大别山红色文化强军价值的方法路径 … 87
　第一节　深化教育引导，增强认知力 … 87
　第二节　丰富展现形式，增强吸引力 … 90
　第三节　营造浓厚氛围，增强感染力 … 93

第四节　打造支撑平台,增强传播力 ················· 95
　　第五节　拓展实践渠道,增强转化力 ················· 98

第五章　大别山红色文化强军价值实现的评估 ············· 100
　　第一节　大别山红色文化强军价值实现的评估标准 ······· 100
　　第二节　大别山红色文化强军价值实现的评估原则 ······· 102
　　第三节　大别山红色文化强军价值实现的评估对象 ······· 104
　　第四节　大别山红色文化强军价值实现的评估方法 ······· 106
　　第五节　大别山红色文化强军价值实现的评估指标体系 ··· 111

附录一：调查问卷 ································ 126
附录二：大别山地区红色革命遗址及纪念场馆（部分） ······ 139

参考文献 ·· 172
后记 ·· 182

第一章　大别山红色文化及其历史地位

　　大别山地区是我国极为重要的红色文化区域之一，是中国革命的重要发祥地，是新民主主义革命时期党史、军史上许多重大事件的发生地，其红色文化的底蕴十分丰厚。从1921年中国共产党成立到中华人民共和国成立长达28年的革命斗争时期，大别山地区曾组建过鄂豫皖苏维埃政府和地方党委，红四方面军、红二十五军、红二十八军、新四军第5师、晋冀鲁豫野战军等，都曾在这里进行过英勇的战斗，在党史和军史上烙下了许多熠熠闪光的印迹。因此，学术界将位于大别山区的鄂豫皖革命根据地概括为"四重四地"，"即鄂豫皖苏区是中国共产党领导的人民革命武装斗争的重要发祥地、中国工农红军的重要诞生地、中国共产党在土地革命战争时期的重要根据地、中国共产党培养和造就治党治军治国杰出人才的重要基地"①。在长期的英勇斗争中，大别山区军民以巨大的牺牲为夺取中国革命的胜利作出了伟大的历史贡献，建立了伟大的历史功勋，展现出了崇高的革命精神，在此过程中形成了内涵丰富、特色鲜明、影响深远的大别山红色文化。作为我国红色文化的重要组成部分，大别山红色文化是我国红色文化生成发展的重要源流。

第一节　大别山红色文化的内涵和外延

　　作为我国红色文化重要组成部分的大别山红色文化，其内涵十分丰富，外延覆盖广泛，涉及诸如"大别山""红色""文化""红色文化"等一系列相关概念，有着诸多的存在形态。所以我们在理解其内涵、把握其外延的时候，需要对相关的概念和呈现出来的形态进行分析和解读。

---

① 《湖北省隆重纪念黄麻起义八十周年》，新华网湖北频道2007年11月13日。

"大别山",是一个区域地理概念,位于安徽、河南、湖北三省交界处,西接桐柏山,东达张八岭,呈西北—东南走向,绵延起伏270多千米,是长江与淮河的分水岭,主峰白马尖位于安徽省霍山县南部,海拔1777米。关于大别山名称的由来,一般认为有二:"一是相传唐代诗人李白曾登临大别山主峰白马尖,站在峰顶,看到顶峰南北两侧风景迥然不同,不禁有感而发道'山之南山花烂漫,山之北白雪皑皑,此山大别于他山也!'尔后人们便称这座山为大别山……二是来自地缘学说,经地质专家研究考证,大别山在远古时代是一片汪洋,约20亿年前因地壳运动,逐步隆起而形成。从我国地形图上看,大别山与秦岭一起东西向横亘于我国中部,将长江和淮河两大水系分开,使我国气候环境和风土人情有了南北之分,故而这座山被称为大别山。"① 大别山地跨鄂豫皖三省,地域广阔,位于大别山区的市县涉及安徽省的六安、金寨、霍山、霍邱、寿县、舒城、岳西、潜山、太湖、宿松、望江、桐城、怀宁、枞阳,湖北省的红安、麻城、大悟、罗田、英山、团风、浠水、蕲春、黄梅、武穴,河南省的信阳、新县、商城、光山、固始、潢川、罗山、息县、淮滨等30多个。

关于"红色",原义是指色彩。其色彩鲜艳夺目,在古代,红色又称"赤""丹""朱",往往被认为代表喜庆、吉祥、警示等,是一个极具文化特色的颜色。红色是华夏民族长期以来崇尚的颜色符号,早在六七千年前,我们的先民就将布帛染成红色以求祥瑞、驱魔辟邪。在世界近代历史上,红色作为一种政治符号,第一次与"革命"联系在一起,始于18世纪法国大革命。后来在苏俄革命和中国革命的过程中,红色成了"革命""共产党""无产阶级""共产主义"等的代名词。民主革命时期,中国共产党所从事的事业都与"红色"联结在一起。比如中国共产党人在领导革命斗争的过程中,高举的革命旗帜是"红旗",组建的军队称"红军",举行的起义叫"红色暴动",创建的根据地名为"红色政权区域",建立的政权为"红色政权"等,都是以"红色"来表征中国共产党领导人民进行的革命事业。

当时,不仅中国共产党人自己以"红色"来称谓其所从事的革命事业,来自西方国家的作家、媒体记者或学者也如此指称。比如,他们以外来观察者的眼光,将中国共产党领导下的区域称为"红色中国"。1944年5月17日,"中外记者西北参观团"的成员之一、美国著名作家和新闻记者哈里逊·福尔曼将其在中国共产党领导下的敌后抗日根据地近半年考察的所见所闻写

---

① 《大别山主峰景区名称由来》,地球知识网;朱慧花:《论大别山精神》,信阳师范学院硕士论文,2010年3月1日。

成《来自红色中国的报告》一书①。同样的概念还出现在 G. 斯坦因(又名冈瑟·斯坦)《红色中国的挑战》一书的书名上。② 他们均将"红色"与中国共产党领导的革命事业联系在一起,并以此与国民党的统治相区别。正是基于这种深厚的历史渊源,这里所讲的"红色"才带有明显的政治色彩,直接与中国共产党为完成初心和使命所进行的艰苦卓绝的斗争紧紧联系在一起,不是指通常所说的颜色,实际上是指中国共产党领导中国人民为实现中华民族伟大复兴而进行的伟大革命事业。

第三个概念,"文化"。"'文化'在拉丁语和中古英语中通常具有'耕耘'或'掘种土地'的意思,到了18世纪法语中,文化逐渐指谓训练和修炼心智、思想、情趣的结果和状态,指良好的风度、文学、艺术和科学,直到18世纪末,特别是在19世纪,文化才逐渐开始取得了它的现代意义,在接近文明的含义上得以运用,开始指谓个人的完善和社会的风范,包括习俗、工艺、技巧、宗教、科学、艺术等社会生活的主要方面,包含着培养、教育、修养等含义。"③而中文语义里的"文化"一词是较早就已出现的词语。"从字面含义来看,'文'一般是指纹理,'化'则代表着变易、生成、造化等。而'文'与'化'并用,构成'文化'这一范畴,要追溯到战国末年的《易·贲卦·象传》:'(刚柔交错),天文也。文明以止,人文也。观乎天文,以察时变;观乎人文,以化成天下。'在这里,'人文'与'化成天下'紧密联系,'以文教化'的思想已十分明确。"④由此可见,无论是在西方还是在汉语的语言系统中,"文化"一词的语义虽然存在着一定的差异性,但在本质上都突出了"人为的"性质,是人们为生存和发展在长期改造主客观世界的过程中而创造的社会性的行为规范。但是由于文化本身的复杂性和无所不在的特性,致使"文化"既成为人们日常使用频率最高的词语之一,也成为目前学界争议最多、概念宽泛、内涵复杂的概念之一。"A.L.克鲁伯和克赖德·克拉克洪1952年发表了著名的《文化——批判性审视概念和定义》。他们通过深入而广泛的引证与研究,竟然列举了自1871年至1951年间的161种关于文化的定义。"⑤而到目前为止,学术界对于文化的定义已超过

---

① 〔美〕哈里逊·福尔曼:《来自红色中国的报告》,熊建华译,解放军出版社1985年版。转引自魏本权、汲广运:《沂蒙红色文化资源研究》,山东人民出版社2014年版,第16页。
② 〔美〕G. 斯坦因:《红色中国的挑战》,伊吾等译,载孙照海选编《陕甘宁边区见闻史料汇编》(第2册),国家图书馆出版社2010年版。转引自魏本权、汲广运:《沂蒙红色文化资源研究》,山东人民出版社2014年版,第17页。
③④ 张岱年、方克立主编:《中国文化概论》,北京师范大学出版社1994年版,第2页。
⑤ 〔美〕巴拉克·萨莫尼、保拉·赫尔姆斯-艾伯:《美国海军陆战队作战文化》,刘华、徐铖锦译,海潮出版社2012年版,第36页。

1 000种。但不论何种定义,对文化的理解,可以分为广义和狭义两种。

从广义上来看,所谓"文化"与"文明"同义,指的是人类创造的一切物质文明和精神文明;就狭义而言,所谓"文化",指的是社会上层建筑中的文学、艺术包括意识形态在内的精神产物。因此,从广义上理解,"'自然的人化'即是文化,文化的实质性含义是'人化'或'人类化',是人类主体通过社会实践活动,适应、利用、改造自然界客体而逐步实现自身价值观念的过程"①。实际上,人类的历史就是文化创造的历史,就是自然的人化的历史。而人类有意识地作用于自然界和人类社会的一切活动以及这些活动产生的结果就是文化。"这些活动和结果大体上可以分为三类形态,即物质形态、信息形态、精神形态。"②例如,自然界的物质本身不是文化,但是只要经过人为的加工和改造,哪怕是最为简单的,它也会体现出文化的所有形态。比如说,人们发现的人类早期旧石器时代和新石器时代的器物,器物本身表现为物质形态的文化,而依附在器物上的艺术素材等就表现为信息形态的文化,而内含于器物制造过程中的感知认知、智慧、思想、意志等则是精神形态文化。

我们将上述"红色"和"文化"两个概念进行融合,排除"国际化"因素,就是我们所说的"红色文化"。那么,什么是"红色文化"呢?简而言之,"红色文化"指的是中国共产党领导中国军民为实现中华民族伟大复兴所进行的伟大革命活动及其结果,这种活动和多种形态的结果就是"红色文化"。

对以上相关概念——"大别山""文化""红色文化"等地域概念和文化概念进行综合融通,我们就可以对大别山红色文化进行清晰的界定。那么,什么是"大别山红色文化"呢?所谓"大别山红色文化",就是指新民主主义革命时期,大别山区这一特定范围内的共产党人和广大军民在中国共产党的领导下,为了民族独立、人民解放,在推翻帝国主义、封建主义和官僚资本主义的长期革命斗争中,以鲜血和生命相搏,所展开的一切革命活动及其结果。这种活动和结果即为大别山红色文化。

和文化的形态一样,大别山红色文化的表现形态亦可具体地划分为三大类,即物质、信息、精神三种类型。其中,"物质类"的大别山红色文化主要是指有形的实物形态的红色文化,如大别山区的革命遗迹、旧址、故居、器

---

① 魏本权、陈敬:《红色资源学视野下的临沂红色文化及其产业开发》,《井冈山大学学报(社会科学版)》2011年第1期。
② 张泰城:《论红色文化资源的分类》,《井冈山干部学院学报》2017年第4期。

物、纪念碑、纪念馆、纪念堂等;"信息类"的大别山红色文化主要是指以信息形态存在的红色文化,如与大别山区革命斗争相关的文献、标语、图片、歌曲、影像等;"精神类"的大别山红色文化主要是指无形的意识形态的红色文化,包括大别山区革命斗争过程中形成的思想理论、观念观点、精神意志、理想信念、伦理道德、情感情操、价值观念等。

第二节 大别山红色文化的形成发展

大别山红色文化,是指新民主主义革命时期大别山区军民在中国共产党领导下进行的革命活动及其结果。它生成于大别山区独特的自然环境和社会历史条件之中,并经历了一个较长的历史时期。

一、大别山红色文化的形成条件

(一)大别山红色文化形成的自然条件

大别山地区地跨30多个市县,近5万平方千米,有着独特的自然条件,其地域特点对于中国共产党领导广大军民开展革命活动极为有利,为大别山红色文化的生成提供了难得的自然环境。

大别山地区,山高林密、地势险要,山区的平均海拔都在1500米以上,有白马尖、天堂寨、木兰山、天台山、大悟山、大雾山等90余座山峰,地势险要;这里河流众多,除长江、淮河以外,"有潢河、白河、蕲水、倒水、举水、巴水、潺水、沐水等河流和湖泊星罗棋布,河流湖泊交错,水系发达,呈网状分布,彼此之间易于联系,也便于隐蔽;大别山区丘陵地带较多,高低起伏,谷宽丘广。这样的地域特点客观上为中国共产党领导的革命活动创造了前提条件——当革命力量弱小时,这里有交通偏僻、官难遥制、山高林密、地势险要、易守难攻的有利地形做掩护,同时也为革命力量的发展壮大提供重要条件——当革命力量逐步壮大时,为之提供与之相适应的较大发展空间和回旋余地。"① 由于有这样的自然条件,革命力量在大别山区活动,进可以攻,退可以守,还可以藏。大别山地区战略地位也非常重要,革命力量以此为据点,还可以造成"南断长江,西控平汉,威逼武汉,震惊南京"的攻击性态势,从根本上动摇国民党的统治。

同时,这里的丘陵地带,气候温和,雨水充沛,日照充足,又为农业生产

---

① 王制军:《大别山区红色历史资源开展研究》,华中师范大学硕士论文,2008年5月1日。

提供了良好的水热条件。因而,这一地区物产丰富,盛产水稻、小麦、豆类、玉米、薯类等粮食作物;经济作物则有棉花、花生、板栗、烟叶、茶叶、油菜籽、芝麻、桐油、药材等。山区矿产资源丰富,有铁、煤、铜、硫磺、磷、石棉、铅锌等,还有大量的野生动物。河流湖泊盛产鱼虾、藕菱等。所有这些,为开展革命活动提供了基本的生存发展条件。

要革命,还需要众多的能参与革命活动的人力资源。当时的大别山区,自给自足的自然经济占主要地位,居民90%以上从事农业。广大农民为了生存,经年累月、持续不断地向恶劣的自然界开战,在艰苦的环境中,他们经过磨炼,形成了勤劳、勇敢、忠厚、直爽的性格。在大别山区不仅男人参加生产劳动,妇女也普遍参加农事活动,她们能纺能织,能播能种,能挑能扛,样样都会,不亚于男人。因此,当许多男人参军上前线时,妇女照样能把农业生产搞上去,许多地方甚至妇女成为主要劳动力。这是大别山区在人力资源方面的一个突出的特点和优点。

(二)大别山红色文化形成的社会历史条件

大别山红色文化的形成还有其深厚的社会根源。进入近代以后,和全国其他地区一样,大别山区的广大民众深受帝国主义、封建主义的残酷压迫,处境极为艰难,生活极为窘困,占人口总数不到10%的地主却占有了70%~80%的土地;地租剥削很重,一般占到亩产量的一半以上,甚有的高达70%~80%。以当时的黄安县(现湖北红安的旧称)为例,据《红安县革命史》记载,土地革命战争时期,"黄安县全县地主阶级的土地占50%以上,富农的土地占10%,祖田占10%,庙田占5%,四项合计占75%,农民的土地只占25%,雇农没有土地。地主利用占有的土地残酷剥削农民,其征收的地租一般都占亩产量的60%~70%,有的高达80%以上。"[1]不仅如此,每年在收获庄稼之前,地主还要佃户大办酒席招待,称为"吃新";每逢新谷登场、家禽上市,还要佃户送新米、新麦和家禽等,称为"尝新"。此外,农民租种地主的土地须先交纳一定数量的押金(又叫鸭庄费、贷头钱),其金额一般占买田价款的1/6;还要承担无偿劳役,地主逢年过节、红白喜事、修建庄园,都强迫佃户无偿地提供劳力,至于平时要佃户出的杂役名目有十多种。高利贷盘剥更是惊人,每逢春夏青黄不接之际,地主向农民放贷,春借秋还,加利三成到五成(30%~50%),甚至高达八成(80%)。[2] 以当时的黄安县为例,"一般

---

[1] 红安县县志编纂委员会编:《红安县志》,上海人民出版社1992年版,第77页。
[2] 中共六安地委党史工作委员会编:《皖西革命史(1919—1949)》,安徽人民出版社1987年版,第8—9页。

都是大加二五(月利率为25%),也有大加三十至五十的(月利率为30%~50%)。还有'阎王账',早借晚还,日利率为10%。"①除了地主对广大民众的剥削外,广大民众还要被迫向当地官府缴纳沉重的苛捐杂税,"主要包括土地税,其中有契约税、田亩捐等;人头税;杂税,包括烟税、酒税、糖税、屠宰税、行商税等;杂捐,包括月捐、门牌捐、灶头捐、纺车捐、壮丁捐、枪捐、草鞋捐,等等。"②广大农民终年辛劳,不得温饱。

政权是地主阶级对农民进行经济剥削的支柱。当时,在大别山区,地主阶级不仅在经济上对广大农民进行压榨,而且在政治上实行野蛮统治。如在鄂东北地区,辛亥革命后,废府、州,设道、县。县以下单位为区。区以下黄安设会,会设会首;麻城设奎,奎设奎长;黄冈设联保,联保设保长。河南光山县区以下设里,里设里董。无论是会首、奎长、保长、里董等,都是当地有权有势的地主、土豪、劣绅等。这些人利用手中的反动政权,横行乡里,无恶不作。此外,地主阶级还利用族权、神权对农民进行统治。

由于地主阶级残酷的经济剥削和野蛮的政治压迫,广大贫苦农民陷入无权和贫困的地步,加上军阀混战连年,更使这里的田地荒芜,饥荒频临,疮痍满目,民不聊生。当时的大别山区流行着这样一首民谣:"冷天无衣裳,热天一身光。吃的野菜饭,喝的苦根汤。麦黄望接谷,谷黄望插秧。一年忙四季,都为财主忙。"③这首民谣,是大别山区人民悲惨生活的真实写照。哪里有压迫,哪里就有反抗。大别山区的人民没有屈服,在近百年来的中国近代史上,他们前赴后继,英勇抗争。在鄂东北,当时的黄冈县农民以宗教的形式,组织了洪门,为反抗地主阶级的压迫,他们于1912年初积极准备暴动。当暴动即将举行时,被贾庙等地的地主阶级破坏而遭到失败。1914年大旱,黄安县灾情严重,地主将粮价抬高三倍,该县杨家冲农民群众在杨世达、杨世运率领下,冲进地主杨云山家中,将其捆押起来,开仓分粮。这年秋天,黄安箭厂河农民在普济寺成立哥老会,入会者达1 000余人,提出"打富济贫"的口号,准备举行起义。1920年冬,蕲春县蔡受乡农民在蔡旺尔带领下,高举"蔡天顺"大旗,举行起义。后来,这支农民起义队伍发展到100余人,改称为"护国军",曾同军阀打了一仗,由于没有正确领导,后失败。在皖西,1922年10月,刘仁辅领导霍山县佃农开展反转庄、争"永佃"斗争。他召集十几名佃农代表,在长山冲集会,提出"誓死保卫永佃权"的口号,刘仁

---

① 红安县县志编纂委员会编:《红安县志》,上海人民出版社1992年版,第77页。
② 江峰、汪颖子:《中国红色文化生成的系统要素透析——以大别山红色文化为例》,《北京师范大学学报(社会科学版)》2010年第6期。
③ 红安县革命史编写办公室编著:《红安县革命史》,武汉大学出版社1987年版,第9页。

辅还亲自到县政府同地主刘佐廷打官司。在佃农的强烈要求下,反动县长被迫作出"维持原来永佃权"的裁决,斗争取得了胜利。到五四运动前后,大别山区的这种反抗斗争,发展成为农民组织起来为自身解放而斗争,震荡了封建统治的基础,标志着广大农民在觉醒,同时也显示出遭受了几千年来封建主义压迫的广大农民将成为中国民主主义革命的主力军。

经过上述斗争,大别山地区的广大民众在熊熊的革命烈火中经受了锻炼,受到了洗礼。这种连绵不断的反抗内外反动统治的斗争,如同地下涌动的岩浆,一旦得到先进阶级及其政党——中国共产党的领导、科学理论——马克思主义的引航,必然会发展成为人民群众为争取自身解放而斗争的革命洪流,将会喷薄而出、势不可挡。可以说,在近代中国,大别山区的人民对于社会的变革有着强烈的渴望和要求。他们前赴后继,不竭抗争,实际上为大别山红色文化的形成奠定了广泛的群众基础。

新民主主义革命时期,大别山区的自然条件、社会条件和群众基础,再加上马克思主义的指引和中国共产党的领导,大别山红色文化就在波澜壮阔的革命斗争洪流中逐步地形成和发展起来。

二、大别山红色文化的形成发展

新民主主义革命时期,大别山红色文化是伴随着大别山区广大军民展开的革命斗争实践活动而萌芽、形成和发展的。从总体上看,大别山红色文化的形成和发展经历了如下三个历史阶段。

(一) 大别山红色文化的萌芽期

大别山红色文化的萌芽起始于五四运动前后。1915年9月,陈独秀在上海创办《青年杂志》,以此为标志,新文化运动开始掀起。大别山区的进步青年学生闻风而动,"他们到开封、武汉、安庆、芜湖、信阳、商城、六安等地,甚至到上海直至出国求学,探索救国救民的真理;大部分人则在本地与进步知识分子一起开展新文化运动"[1]。

十月革命后,大别山区的青年学生、工人以及工商业者和城镇居民纷纷加入五四运动的行列,他们走上街头,游行示威,高呼口号,并致电北京学生,表示声援,他们还通电全国,张贴标语,散发传单,强烈抗议军阀政府卖国行径,如火如荼的反帝爱国斗争在乡镇市民和农民、学生中展开着。先进知识分子开始研究、宣传俄国十月革命和马克思主义。五四运动推动了新文化运动的发展,促进了马克思主义在大别山区的传播。五四运动以后,在

---

[1] 王制军:《大别山区红色历史资源开展研究》,华中师范大学硕士论文,2008年5月1日。

北京、上海等地读书的大别山区进步青年不断传回各种进步书刊,使马克思主义的学习、研究活动逐步展开。"在此期间,高语罕编写的《白话书信》于1921年1月出版,这是大别山区最早系统传播马克思主义的课本。它通俗地叙述了马克思科学社会的基本知识,阐明了中国社会运动应以科学社会主义为指导,应用俄国十月革命的方法来解决中国的社会问题的原理。"[①] 马克思主义理论的传播,和大别山区革命队伍的壮大,为大别山区革命组织的建立奠定了坚实的思想和组织基础。

1921年中国共产党第一次全国代表大会召开后,出席大会的代表董必武、陈潭秋返回湖北,在当地积极发展党组织。1922年春,陈潭秋在家乡黄冈地区发展党员,成立了大别山区第一个党小组——中共陈策楼党小组。高语罕作为陈独秀"策划在各地组织共产党小组"的安徽联系人,于1920年春建立了中共寿县小甸集党小组,1923年冬扩建为小甸集特别支部,这是大别山区第一个党支部。在董必武、陈潭秋、高语罕等人的积极奔走和努力下,大别山区各阶层民众觉悟不断提高,产生了一大批积极投身于党的事业的骨干分子,在此基础上,党的组织在大别山地区如雨后春笋般地涌现。豫东南的商城、光山两县于1924年建立了党小组,1925年秋中共商城特别支部成立;1925年至1926年,罗山、信阳、潢川等县相继建立了共产党组织;1927年春固始县也建立了党组织。在皖西地区,小甸集特别支部成立后,1925年冬,中共六安县特别支部成立;1926年至1927年,霍山、霍邱等县也分别建立了共产党组织。

自从有了共产党的领导,大别山区人民有了主心骨,革命面目焕然一新。大别山区各县共产党组织成立后,积极领导工人运动、农民运动和学生运动,组织农会组织,支持北伐战争,"打倒帝国主义""打倒封建军阀""打倒土豪劣绅""打倒贪官污吏"等口号,响彻了大别山区的城镇和乡村。1927年大革命失败后,在腥风血雨中,大别山区广大民众在党的领导下,揩干净身上的血迹,掩埋好同伴的尸首,从地下爬起来,高高举起土地革命和武装斗争的旗帜,英勇无畏,与国民党反动派进行了坚决的斗争,武装运动的号角声吹遍了大别山区,并由此组建了革命武装,创建了革命根据地,建立了革命政权,走上了工农武装割据的道路。

(二)大别山红色文化的形成期

大别山红色文化形成于土地革命战争时期。这一时期在党的领导下大别山区各地建立了各级党组织和工农民主政府,同时也进入建军新阶段,武

[①] 中共六安地委党史工作委员会编:《皖西革命史(1919—1949)》,安徽人民出版社1987年版,第22页。

装斗争的烈火燃遍了整个大别山区。

1927年国共合作的大革命失败后,8月7日,中共中央在汉口召开紧急会议即八七会议,确立了土地革命和武装反抗国民党反动统治的总方针。八七会议后,大别山区正式进入了建军、开展军事活动的新阶段。

1927年11月,在中共湖北省委的组织领导下,黄安、麻城两县农民和农军2万余人起义,攻占黄安城。起义后,党组织将两县农民自卫军合编为工农革命军鄂东军。其中,黄安县农民自卫军为第一路,麻城县农民自卫军为第二路,共300余人;潘忠汝为鄂东军总指挥兼第一路军司令,吴光浩、刘光烈为副总指挥,吴光浩兼第二路军司令。工农革命军一开始就建立起党代表制度,以保证中国共产党对革命军队的绝对领导。戴克敏为鄂东军党代表兼第一路军党代表,刘文蔚为第二路军党代表。工农革命军鄂东军是我们党在大别山区创立的最早的革命武装力量。1927年12月底,鄂东军转战到达木兰山,开始了以木兰山为中心的游击战争,不久,根据上级指示,鄂东军改编为中国工农革命军第七军,吴光浩任军长,戴克敏任党代表,汪奠川任参谋长。

1927年11月爆发的黄麻起义,是继南昌起义和湘赣边界秋收起义之后,中国共产党领导发动的又一次规模较大的武装起义,也是我们党在长江以北成功领导发动的以农民为主体的第一次武装起义,在大别山区乃至全国产生了巨大的政治影响。1928年5月后,起义后组建的第七军在光山、黄安、麻城边界建立了柴山堡(即鄂豫边)革命根据地,开展武装斗争。1928年7月,根据上级指示,宣布改编工农革命军第七军为中国工农红军第十一军第31师,吴光浩任军长兼师长,戴克敏任党代表,曹学楷任参谋长。

黄麻起义后,大别山区的革命斗争风起云涌。在中共河南省委坚强领导下,1929年5月6日商城南部爆发起义,即通常所说的立夏节起义或商南起义。5月9日,起义队伍到斑竹园集中,宣布成立中国工农红军第32师。周维炯任师长、徐其虚任党代表。中国工农红军第十一军第32师成立后,立即展开了创建革命根据地的活动。这一举措加速了商城、潢川、固始等地区革命运动的发展,同时开辟了豫东南革命根据地,有力地配合了鄂豫边根据地和中国工农红军第十一军第31师的斗争,也给了皖西革命运动的发展以有力的支援和推动。在商南立夏节起义的同时,皖西六霍起义爆发,并且由点到面逐步形成高潮。到1930年1月,组建了中国工农红军第十一军第33师,成为巩固和扩大皖西革命根据地的主力。①

---

① 中共六安地委党史工作委员会编:《皖西革命史(1919—1949)》,安徽人民出版社1987年版,第93页。

依据革命斗争形势的发展,1930年2月25日,中共中央发出给湖北省委、河南省委和六安中心县委的指示中,决定将湖北的黄安、麻城、黄陂、黄冈、孝感、罗田(以后又增加应山、安陆),河南的商城、光山、固始、潢川、息县(以后又增加罗山),安徽的六安、霍山、英山、霍邱、颍上、寿县、合肥等县,划为鄂豫皖边特别区,在湖北省委领导下建立中共鄂豫皖边特别区委员会。1930年3月18日,中央发给鄂豫皖边特别区委员会和红31师、32师、33师的指示,决定将红31师、32师、33师改编为中国工农红军第一军,以便统一指挥,直属中央领导,部队行动方针由红一军前敌委员会决定。依据中央的指示,4月,中共鄂豫皖边特别区委员会和红一军前敌委员会正式成立,通过了红军改编的决议。由郭述申、何玉林、王平章、徐朋人等9人组成中共鄂豫皖边特别区委员会,郭述申任书记。红一军军长为许继慎,政治委员为曹大骏,副军长为徐向前,政治部主任为熊受暄,全军辖3个师1个独立旅,共2 100余人。6月,鄂豫皖边区召开了第一次工农兵代表大会,成立了鄂豫皖边特区苏维埃政府。① 鄂豫皖边苏维埃政府的建立,标志着鄂豫皖苏区的正式形成,也标志着大别山红色文化的初步形成。

大别山区的革命斗争蓬勃发展使得反对统治势力极为恐惧,1930年12月底,反对统治势力开始对大别山区我军进行反革命"围剿",红一军也随之展开了第一次反"围剿"斗争。1931年1月,在第一次反"围剿"斗争的过程中,红一军向商城南部转移,与红十五军(1930年10月组建,军长蔡申熙,原在蕲春、黄梅、广济一带活动)在长竹园会合,随即开往麻城县福田河,遵照党中央指示,合编为中国工农红军第四军,以中央派来的旷继勋、余笃三分任军长和政治委员,徐向前任参谋长,曹大骏任政治部主任,全军共1.25万余人,红四军的领导关系根据中央指示改由鄂豫皖特委直接领导。红四军成立后,到1931年5月,接连粉碎了国民党军对鄂豫皖苏区发动的第一次"围剿"、第二次"围剿"。在反"围剿"斗争中,鄂豫皖苏区得到了巩固和发展,红四军发展到4个师2万余人。②

1931年4月,中共中央派遣张国焘、陈昌浩等人从上海途经武汉进入鄂豫皖革命根据地。张国焘到达鄂豫皖根据地首府新集以后,以中共中央代表的身份于5月12日召开了鄂豫皖边特委会议,宣布中共中央决定,成立

---

① 《鄂豫皖苏区历史简编》编写组:《鄂豫皖苏区历史简编》,湖北人民出版社1983年版,第72—75页。
② 同上书,第108—111页。

中共中央鄂豫皖分局,撤销鄂豫皖边特委,张国焘任分局书记。同时,还成立了新的鄂豫皖革命根据地军事委员会,张国焘兼军委主席。

1931年11月7日,中国工农红军第四方面军在黄安七里坪正式成立,总指挥徐向前,政治委员陈昌浩,政治部主任刘士奇,下辖红四军、红二十五军(粉碎敌人第二次"围剿"后,为应对新一轮的"围剿",1931年10月25日,在金寨县麻埠成立红二十五军,军长旷继勋、政治委员王平章,辖第73师和军直属教导团。红四军军长、政治委员分别由徐向前、陈昌浩兼任,下辖红10师、11师、12师3个师,总兵力近3万人。① 红四方面军的成立,是大别山区我军进一步发展壮大的标志,是党领导大别山区军民进行4年革命战争的胜利成果,标志着我军在大别山区的军事斗争进入一个新的发展阶段,标志着大别山红色文化的进一步形成。1931年11月至1932年6月,红四方面军在黄安、商潢、苏家埠、潢光4次战役中,连续取得辉煌胜利,消灭了敌人大量有生力量,总计约6万人,成建制被歼灭的敌正规部队,将近40个团,粉碎了敌人第三次"围剿"。到1932年上半年,大别山区的革命斗争获得了迅速发展,红军主力发展到4.5万多人,根据地人口发展到350余万,成为土地革命战争时期大别山区革命运动发展的最高峰。鄂豫皖苏区也发展成为全国第二大战略区。

1932年5月,蒋介石在汉口设立鄂豫皖三省"剿匪"总司令部,亲任总司令,调集共24个师另6个旅30余万人,开始部署对鄂豫皖根据地的第四次"围剿"。这时,鄂豫皖苏区主要领导人张国焘等被红四方面军4次进攻战役的胜利冲昏了头脑,对形势做了错误的判断,认为国民党军已成"偏师",不堪一击。因而提出,"采取坚决的进攻策略"并"准备与帝国主义直接战争和准备夺取武汉,完成一省数省首先胜利"。在国民党军第四次"围剿"即将开始之际,张国焘无视敌强我弱的现实,不顾红四方面军亟须休整的客观实际,制订了"左"倾冒险的进攻计划,要求红四方面军第一步进逼罗山,破坏平汉路;第二步沿平汉路南下,威逼武汉。根据这一冒险计划,红四方面军连续作战,顽强迎敌,虽歼敌5 000余人,缴枪3 000余支,使蒋介石的嫡系部队第2师、第10师受到重创,但是并没有改变红四方面军的被动处境。9月,红四方面军主力在新集以北的扶山寨地区与国民党"围剿"军展开持续激战,虽又歼敌2 000余人,却陷入国民党军3个纵队的合围之中,不得不退出战斗向皖西转移。鄂豫皖苏维埃政府机关也被迫撤出新集,随

---

① 《鄂豫皖苏区历史简编》编写组:《鄂豫皖苏区历史简编》,湖北人民出版社1983年版,第172页。

红四方面军主力转移。红四方面军主力向皖西转移后,国民党"围剿"军前堵后追,紧逼不舍。10月12日,中共鄂豫皖中央分局和红四方面军总部率第四军第10师、第11师、第12师和红二十五军第73师等部共2万余人,被迫西越平汉路向西北转移,红四方面军第四次反"围剿"失败。12月,红四方面军历经千难万险,进入川北地区,创建了川陕苏区。①

第四次反"围剿"作战失败后,敌人除以10余万兵力追击红四方面军主力外,以约20万兵力继续对鄂豫皖革命根据地进行"围剿"和"清剿",试图彻底消灭留在大别山区的红军,摧毁鄂豫皖革命根据地。在敌人疯狂进攻和摧残下,鄂豫皖根据地大部分丧失,尚存的地区也处于互相隔绝的状态,斗争形势十分严峻。但是大别山区广大军民并没有被严重形势所吓倒,继续同强大的敌人展开英勇顽强的斗争。但是,由于缺乏统一的组织和指挥,力量比较分散,因而不能有力地打击敌人,相反,却存在被敌人各个击破的危险。为了保存红军力量,便于统一指挥,集中力量打击敌人,1932年11月29日,中共鄂豫皖省委在黄安檀树岗召开军事会议,决定将根据地各红军主力团统一组织起来,重新组建中国工农红军第二十五军,坚持鄂豫皖革命根据地的斗争。重建的红二十五军,军长吴焕先,政治委员王平章,辖第74师、第75师和特务营,全军约7 000人。不久,根据省委决定,1933年1月初,红二十八军在大畈(属于麻城县)组成,军长廖荣坤,政治委员王平章,政治部主任程启波。下辖两个团及1个特务营,全军共3 000多人。1933年4月初,红二十五军和红二十八军在大畈地区会合。为加强红二十五军,进一步集中兵力对付敌人的"清剿",中共鄂豫皖省委决定将红二十八军编为红二十五军72师,军长吴焕先,政治委员戴季英,副军长廖荣坤,全军共12 000余人。同时为了坚持皖西北地区的斗争,决定组建第82师。1933年5月,国民党军对鄂豫皖根据地实施第五次"围剿",这次"围剿"敌人调集了14个师又4个旅,共计82个团对鄂豫皖苏区展开疯狂进攻。10月2日,红二十五军从皖西北向鄂东北行动,在通过潢(川)麻(城)公路时被敌人分割,后卫部队1 000人,由副军长徐海东率领转回皖西北地区。11日,中共皖西北道委决定将这一部分部队编为第84师,与活动在皖西北的红82师再组成中国工农红军第二十八军,坚持皖西北地区的斗争。红二十八军军长为徐海东,政治委员为郭述申,全军共2 300余人。红二十八军组成后,由于采取了符合客观实际的斗争方针,进行机动灵活的游击战、运动战,进而

---

① 《中国人民解放军军史》编写组编:《中国人民解放军军史(第1卷)》,军事科学出版社2010年版(2020年12月第10次印刷),第264—267页。

取得了一连串的斗争胜利,逐步摆脱被动局面,给皖西北地区人民以很大鼓舞。

为彻底剿灭苏区红军,1934年2月底,蒋介石任命张学良为"鄂豫皖三省剿匪副总司令",并将东北军从华北调到鄂豫皖地区。敌人继续"围剿"鄂豫皖革命根据地的总兵力达到16个师又4个独立旅,共80多个团。为增强反"围剿"作战力量,4月16日,红二十五军同红二十八军在商城东南部会师。次日,根据省委决定,将红二十八军重新编入红二十五军,军长徐海东,政治委员吴焕先,政治部主任郭述申(兼)。全军辖两个师,共3 000余人。此后,红二十五军转战于鄂东北、皖西北地区,不断给国民党军以打击,恢复和开辟根据地,狠抓部队的全面建设,加强政治思想工作和基层组织建设,加强群众工作,推进瓦解敌军工作,部队的技战术水平在作战和训练中得到进一步增强,并于7月取得长冈岭大捷,继而于9月奔袭太湖县城并取得重大胜利,恢复了英山、太湖交界地区的根据地,鼓舞了群众,振奋了军心。但从战略全局上看,在敌重兵围困下,大别山区革命斗争形势依然严峻,并且在短期内难以根本改变。

红二十五军在红四方面军主力转移后,在极其险恶、极端困难的形势下,独立坚持大别山区的斗争长达两年之久,其作用、意义十分重要和深远。它使得黄麻起义以来我们党举起的武装斗争旗帜在大别山区继续飘扬。这次斗争大量歼灭了敌人,有力地钳制了敌人,扩大了党和红军的政治影响,配合了全国的革命武装斗争。残酷的斗争历程,极大地锻炼了广大军民,为后来我军继续坚持大别山区的斗争打下了坚实基础。

1934年11月11日,中央鄂豫皖省委在光山县花山寨举行常委会议,根据中共中央、中革军委的指示和鄂豫皖苏区的斗争形势,决定为保存有生力量,红二十五军向平汉路以西鄂豫边界的桐柏山区转移,争取创建新的苏区。为适应长途转战需要,红二十五军于花山寨再次整编。整编后,军长为程子华,政治委员为吴焕先,副军长为徐海东,政治部主任为戴季英。全军编4个团,共2 980人。11月16日,红二十五军以"中国工农红军北上抗日第二先遣队"名义,从罗山县何家冲出发,开始战略转移。①

红二十五军越过平汉路后,蒋介石急令敌30多个团的绝对优势兵力进行围追堵截,企图乘红二十五军脱离根据地、孤军远出之际,加以消灭。由于桐柏山区距离平汉路和汉水太近,回旋范围狭小,加之敌重兵压境,难以

---

① 《中国人民解放军军史》编写组编:《中国人民解放军军史(第1卷)》,军事科学出版社2010年版(2020年12月第10次印刷),第356页。

立足发展,于是红二十五军向河南西部伏牛山挺进。12月进至鄂豫陕边地区,开始转入创建鄂豫陕苏区的斗争。在创建苏区的斗争中,红二十五军发展到3 700多人。1935年7月中旬,为配合主力红军在西北的行动,红二十五军北上陕甘,于9月16日与西北红军第二十六军、第二十七军在延川县永坪镇胜利会师。至此,红二十五军历时10个月、途经4个省的长征胜利结束。永坪会师后,红二十五军与红二十六军、红二十七军合编为中国工农红军第十五军团。军团长为徐海东,政治委员为程子华,副军团长兼参谋长为刘志丹,全军团共7 000余人。红十五军团组成后,运用"围城打援"的战法,粉碎了国民党军对陕甘苏区的第三次"围剿",自身力量得到进一步增强,巩固和发展了陕甘革命根据地,为我们党将中国革命的大本营奠基在西北创造了重要条件、做出了重要贡献。①

红二十五军长征后,中共鄂豫皖省委常委、皖西北道委书记高敬亭,根据鄂豫皖省委的指示,重建了红二十八军,下辖红82师和手枪团。红二十八军重建后,以灵活的战略战术,依托大别山,与"清剿"鄂豫皖边游击区的国民党军队进行不屈的斗争,坚持了3年之久的游击战争,直至1937年全面抗战爆发。鄂豫皖游击区是南方3年游击战争中游击区域最广阔的游击区,跨鄂、豫、皖三省近30个县,也曾一度扩大到45个县境的地域。其他游击区最多的十几个县,有的游击区只有几个县,还有的仅一两个县。鄂豫皖游击区也是南方3年游击战争中牵制敌人最多的游击区。红二十八军先后挫败了国民党四次大的"清剿",牵制国民党正规军最多时达68个团,约17万人,歼敌18个营、15个连和大量反动民团武装,有力地在战略上配合了主力红军和其他游击区的斗争。同时,鄂豫皖游击区是南方3年游击战争保存力量最多的游击区。在国民党军的重兵"清剿"下,在艰苦卓绝的斗争中,鄂豫皖游击区造就了一批忠于党和人民、英勇善战的军政干部,锻炼出了一支打不散、拖不垮的红军部队,在鄂豫皖三省保存了革命的战略支点,在大别山地区扩大了共产党的政治影响,为之后大别山地区开展革命斗争准备了最重要的条件。南方3年游击战争结束时,大别山区保存下来的红军和游击队1 800余人,后编入新四军第4支队,扩建到3 000多人(包括鄂豫边红军游击队改编的新四军第八团),成为驰骋长江以北抗战的重要力量,为坚持华中抗战做出了重要贡献。②

---

① 《中国人民解放军军史》编写组编:《中国人民解放军军史(第1卷)》,军事科学出版社2010年版(2020年12月第10次印刷),第383—387页。
② 王胜杰、赵庆领、徐晖:《红色先锋:红二十五军长征珍闻录》,陕西新华出版传媒集团未来出版社2017年版,第42—43页。

(三) 大别山红色文化的发展期

在抗日战争和解放战争时期连天烽火中，大别山红色文化得到不断发展。1937年七七事变后，红二十八军领导人高敬亭在了解了中共中央关于停止内战、共同抗日、建立抗日民族统一战线的文件后，经过认真思考，于7月15日，果断地向国民党鄂豫皖军队提出停战谈判。7月底，双方达成停战协议，在安徽省岳西县举行了签字仪式。① 从此鄂豫皖地区结束了内战，在南方八省中最早实行了区域性的国共合作，此举对日后的共同抗日行动影响深远。随后，红二十八军和鄂豫边红军游击队在七里坪被改编为新四军第4支队，开赴皖中、皖东抗日前线，打响了新四军在华中抗战的第一枪。同时创建敌后抗日根据地，新四军第4支队成为该地区一支抗日主力军。第4支队主力东进后，第4支队第8团由豫南东进皖西，并在确山县竹沟镇设立了留守处。②

中共河南省委以竹沟为依托，发动武装群众，使竹沟成为豫鄂边区开展游击战争的基地和后方，在抗战中发挥了重要的作用。1938年11月，信阳挺进队组建，经过整顿和补充，成为豫南地区一支重要的抗日武装力量，并以豫鄂边之四望山为中心建立了敌后抗日根据地。在鄂中，我军先后建立了汉阳游击队、抗日游击大队和应城抗敌自卫总队等抗日武装。1938年12月，改编挺进队为独立游击第5大队、新四军第6游击大队等游击武装。③

为了推动豫鄂边区游击战争的开展和根据地的建立，中原局于1939年1月和4月，先后派李先念、陈少敏各率一支武装和一批干部，挺进边区敌后，联络各地党组织和抗日武装。1月，李先念率新四军独立游击大队从竹沟出发，首先以豫鄂边之四望山为立足点建立了根据地。4月，向鄂中挺进，进至孝感地区青山口，初步打开了黄陂、孝感地区抗战局面。6月上旬，数路部队会合于安陆赵家棚地区，合编为新四军挺进团。6月中旬，在统一整编豫南、鄂中抗日武装的基础上，成立了新四军豫鄂独立游击支队。11月，进一步统一了边区党和军队的领导和指挥。1940年1月，成立豫皖边区军政委员会，朱理治任书记，统一领导边区党政军民工作。同时，豫鄂挺进支队改称新四军豫鄂挺进纵队，极大地推动了游击战争队伍的发展和根据地的建立，从而逐步在鄂东的大悟山和鄂中的白北山、南山、天汉湖区和襄

---

① 台运行：《大别山红军战歌》，安徽人民出版社2006年版，第237页。
② 中共河南省委党史资料征集编纂委员会编：《豫鄂边抗日根据地》，河南人民出版社1986年版，第51页。
③ 同上书，第53页。

河以西创建了抗日根据地。9月,成立了豫鄂辖区军政联合办事处,作为边区最高政权机关,统一领导边区根据地建设。①

"皖南事变后的1941年4月5日,鄂豫挺进纵队改编为新四军第5师,李先念任师长兼政治委员,刘少卿任师参谋长,任质斌任师政治部主任,全师兵力计15 000余人。"②尔后,多次粉碎日军"扫荡""清乡""蚕食"以及顽军的军事进攻,扩大了豫南边区根据地;经过艰苦斗争,将罗(山)礼(山)边和信(阳)应(山)边抗日根据地连成一片,形成了鄂皖边抗日根据地;与皖中抗日根据地取得了联系,进击川汉沔地区,鄂豫边区抗日根据地得到较大发展。

1942年1月至4月,我军粉碎了日军对鄂东、鄂中边区的"扫荡",巩固了鄂皖边沿长江地带的抗日根据地。6月,打退了顽军对新四军第5师发动的全面进攻,抗击了顽军对鄂中等抗日根据地的进犯。8月,建立了以大幕山为中心的鄂南抗日游击根据地。12月,又一次粉碎了顽军的进犯,巩固了大悟山、小悟山等抗日根据地。至此,鄂豫皖边区空前严重的敌顽夹击势力,终于被粉碎。截至1942年底,边区主力军发展到12 000余人,地方军发展到11 000余人。③

1943年是鄂豫皖边抗日根据地斗争形势最为艰难的一年。一方面,日军不断加紧对根据地实施"扫荡""清乡""蚕食";另一方面,国民党顽军不断制造军事摩擦,对根据地发动军事进攻。李先念时任边区书记,在边区实行党的一元化领导,开展了整风运动、减租减息和生产自救运动,积极开展群众工作,加强根据地抗日民主政权建设,大力发展民兵和地方武装。不仅帮助根据地渡过了难关,而且带领部队挺进襄南和江南洞庭湖畔,先后开辟了洪湖和桃花山等游击根据地。

1944年7月后,又扩展了豫南根据地。"同年10月,豫鄂边区党委改称鄂豫皖湘赣边区党委,成立了鄂豫皖湘赣军区。到抗战胜利前夕,鄂豫皖边根据地已发展到东起安徽省宿松,西至湖北省宜昌,北自河南省舞阳,南迄湖南省洞庭湖畔的广大地域,其面积达9万多平方公里,人口1 000余万,建立了7个专区和39个县的抗日民主政权。"④

---

① 中共河南省委党史资料征集编纂委员会编:《豫鄂边抗日根据地》,河南人民出版社1986年版,第54—57页。
② 鄂豫边区革命史编辑部:《新四军第五师抗日战争史稿》,湖北人民出版社1989年版,第116—117页。
③ 同上书,第167页。
④ 中共河南省委党史资料征集编纂委员会编:《豫鄂边抗日根据地》,河南人民出版社1986年版,第66页。

抗战胜利后，由于国民党顽固坚持内战独裁政策，在全国人民欢庆抗战胜利的锣鼓声中，中国面临着内战的危机。大别山区我军5万余人为了牵制国民党军，支援华北、华东、东北地区的兄弟部队，被国民党30万大军包围在方圆100千米的宣化店地区，面对敌人的经济封锁、政治迫害、军事挑衅，"数万人已到无米为炊"的程度，生存环境极端恶劣，但面对党中央提出"继续完成牵制国民党军的战略任务……即使是全军覆没，也要保障战略全局的胜利"的要求，大别山区我军苦熬坚守，最终圆满完成了既定任务。

1946年6月下旬，国民党发动全面内战已是箭在弦上，妄图首先围歼中原地区我军。根据中共中央和毛泽东的指示，中原地区我军声东击西，胜利突围。中原突围具有重大历史意义，它是解放战争全面爆发的标志性事件，自此，我军展开了打倒蒋介石、解放全中国的战略行动。突围战役取得全胜，胜利地完成了战略转移任务，从而有效地保存大量的兵力，并开辟了新的根据地。中原军区突围的总兵力约5万人，从6月26日晚突围至7月31日各路突围部队先后实现战略转移共历时36天，牵制国民党军32个旅，并给其以重大杀伤，保存我军兵力4万余人，约占突围时总兵力的84%。中原突围后，鄂东独2旅减员1500余人，保存兵力4500人（在突围后战略坚持的艰苦环境中损失了80%），他们一直坚持大别山区的斗争，直到1947年与刘邓大军会合。

1947年6月，刘邓大军千里跃进大别山。在中共中央和毛泽东的正确决策和领导下，刘邓大军经鲁西南，越过黄泛区，于当年8月千里跃进至大别山，接着就地展开了武装斗争和建立地方政权的斗争，经过3个月的努力，在大别山区站稳了脚跟。刘邓大军千里跃进大别山标志着解放战争转入了战略进攻，吹响了夺取全国胜利的嘹亮号角，可谓是"中原逐鹿占先机，天翻地覆慨而慷"。1948年2月后，刘邓大军主力在完成既定的战略任务后撤离大别山，后来参加了淮海战役和渡江战役，留下的部分兵力坚持大别山区的斗争，一直到解放战争胜利。

总之，自五四运动以后到中华人民共和国成立，在5万平方千米的大别山区，广大军民在党的领导下，建立了各级党组织，建立了人民军队，建立了地方各级政权，展开了波澜壮阔的革命斗争，创造了彪炳千秋的英雄业绩，为中国革命的胜利做出了重大贡献，付出了巨大代价。在长达20多年持续的、艰苦卓绝的斗争中，大别山区也涌现出了许多著名的"将军县""红军县""烈士县"。黄安、金寨、大悟、新县、六安、麻城等是全国闻名的"将军县"；在1955年至1964年授勋章的开国将军中，全国有1614人，其中鄂豫皖地区有570人，占1/3以上。再比如，安徽省一共有130位开国将军，其中皖西籍(大别山区)的有108位。

大别山区也是中国革命史上著名的"烈士县"。据统计,"大别山地区登记在册的革命烈士有13万多人,其中红安就达2.2万多名烈士,新县、金寨、六安等地也都各有1万多名烈士"①。金寨在册烈士1万多人,占安徽省在册烈士1/5以上。而据统计,金寨实际被杀害的革命干部群众多达8万多人,有4万多人参加主力红军,大部分壮烈牺牲。② 所以说大别山是一座革命的山、光荣的山、英雄的山。

正是在这持续28年的奋斗过程中,大别山区形成了厚重的、极为宝贵、数量巨大、种类丰富、影响深远的大别山红色文化。

其中,物质类红色文化包括:(1)革命事件、活动遗址类。如黄冈县第一个党小组(陈策楼)旧址、黄麻起义会议遗址、立夏节起义旧址、鄂豫边红军游击队诞生地旧址、独山革命旧址群、中共鄂豫皖中央分局、鄂豫皖省委旧址、鄂豫皖军委及红四方面军总部旧址、红四方面军总指挥部旧址、苏家埠战役旧址、红四方面军第二十五军军部旧址、红军《三大纪律八项注意》歌曲诞生地、红二十八军重建会议旧址、青天畈汪氏宗祠——岳西谈判旧址、新四军第4支队司令部旧址、新四军第5师师部旧址、大悟宣化店中原军区旧址、刘邓大军前方指挥部旧址等。(2)纪念场所类。如金寨革命烈士陵园、金寨县革命博物馆、岳西县大别山烈士陵园、鄂豫边区革命烈士陵园、宣化店革命烈士纪念碑、宣化店中原突围纪念馆、红四方面军诞生地纪念碑、黄麻起义和鄂豫皖苏区纪念园、麻城市烈士陵园、鄂豫皖革命纪念馆、罗山县红二十五军长征出发地何家冲纪念园、刘邓大军大别山首战纪念地、鄂豫皖苏区首府烈士陵园、鄂豫皖苏区首府革命博物馆等。(3)名人故居类。如董必武故居、李先念故居、徐海东故居、郑位三故居等。

信息类红色文化包括:(1)革命歌谣③。在长期的革命战争中,大别山

---

① 在新民主主义革命时期,整个大别山区先后有近100万英雄儿女为革命献出宝贵生命。登记在册的烈士有130 351人。其中湖北省的广水242人、大悟7 456人、红安22 552人、麻城6 282人、孝感4 953人、黄陂1 204人、黄冈4 178人、浠水1 075人、罗田962人、英山2 000人、黄梅3 598人、蕲春2 508人、武穴2 307人;河南省的信阳3 071人、罗山1 007人、光山2 349人、商城5 350人、新县11 057人、潢川521、固始1 837人;安徽省的霍邱1 372人、寿县565人、金寨11 000人、六安11 839人、霍山2 931、舒城937人、太湖368人、潜山780人、宿松353人,等等。数据来源于新县鄂豫皖苏区首府革命博物馆。
② 金寨红军史编辑委员会编:《金寨红军史》,解放军出版社2005年版,第2—3页。
③ 红安县革命史编写领导小组办公室编:《红安革命歌谣选》,武汉大学出版社1986年版;红安县革命史编写领导小组办公室编:《红安县革命史》,武汉大学出版社1987年版;叶金元、詹仲凯、王霞主编:《红安民间歌曲集》,华中师范大学出版社2011年版;湖北省采风委员会编:《太阳出来满天红——老根据地革命歌谣》,湖北人民出版社1958年版等。

地区产生了大量的红色革命歌谣,仅保存或流传至今的根据地革命歌谣就有1 000多首,如:《黄麻起义歌》《工农暴动歌》《打新集》《穷人调》《卖柴歌》《叹穷人》《讨米歌》《发动歌》《妇女参军歌》《长工苦》《送郎当红军》《苏区歌》《小小黄安》《一颗红心拿不去》《庆祝苏维埃》等。(2)革命文献。在28年的革命斗争中,大别山区军民在党的领导下,在政治、军事、经济、文化、社会建设等方面都取得了很大的成就,在此过程中,存留了许多宝贵的革命文献。如:历史文件,关键岗位党政军人物的个人著作,领导者相互间往来书信、电报、报告、指示,再如为宣传、发动、组织广大人民群众参与革命斗争而形成的宣传画、标语、口号、布告、照片、文书、法规等。(3)红色影视。大别山地区的革命孕育了众多的英雄人物,也产生了许多可歌可泣的革命故事。以大别山地区革命事迹为素材拍摄的红色影片有《五更寒》《风雪大别山》《挺进中原》《八月桂花遍地开》《大进攻序曲》《中原突围》《挺进大别山》《铁血红安》《徐海东大将》《上将许世友》《北上先锋》等。(4)红色文学。其载体是各种形式的文学作品,如小说、散文、诗歌、传记、纪实文学等。小说如《木梓树》等,纪实文学如《大别山上红旗飘》《悲壮岁月——红四方面军纪实》等,诗歌如《红军颂——大别山上红军路》等。(5)其他。如红色舞蹈、红色美术作品等。如红色舞蹈有《梅花落》《歌唱苏维埃》等,红色美术作品有《红日漫画》、《红日画刊》、《打倒帝国主义》(漫画)、《风雪大别山》(版画)[①],等等。

大别山红色文化中的精神要素,则是大别山地区军民在革命斗争过程中所形成的理想信念、意志品质、道德情操等的总和。这是大别山红色文化的核心,也是我们要传承弘扬的红色基因。

总之,在新民主主义革命时期,从五四运动到中华人民共和国成立,在党的领导下,在广大军民的革命斗争实践中,形成了种类多样、数量庞大、极为珍贵的大别山红色文化。其中精神要素是大别山红色文化的核心,它蕴含和承载于物质类和信息类的红色文化之中。

第三节 大别山红色文化的精神内核

新民主主义革命时期,大别山区军民之所以能在腥风血雨中始终像钉

[①] 曹祥云:《大别山地区红色文化与社会主义核心价值体系构建》,信阳师范学院硕士论文,2012年3月1日。

子一样钉在大别山区,坚持革命斗争,绝非偶然,而是有着诸多深刻的内在缘由。这个内在的缘由实际上就是有大别山红色文化的精神内核的支撑。大别山红色文化的精神内核可以概括为:信念坚定,对党忠诚;英勇顽强,敢打善战;甘于奉献,敢于牺牲;一心为民,军民团结;实事求是,勇于创新。

一、信念坚定,对党忠诚

这里所讲的"信念坚定",指的是大别山区广大军民坚信马克思主义,坚信中国共产党的领导,坚信为之奋斗的革命理想必定实现;"对党忠诚",指的是自觉接受党的领导,坚决听从党的指挥,不折不扣地完成党赋予的各项任务,为实现党的初心使命而顽强奋斗,不惜牺牲。"信念坚定,对党忠诚"是大别山红色文化的灵魂。

在新民主主义革命时期20多年的浴血奋战中,大别山区军民始终自觉地将中国共产党看作自己的"主心骨"和"领路人",从来没有放弃过对共产主义理想的执着追求和诚挚信仰,始终对党拥戴信任!正是凭着对理想信仰的执着追求,对党的无限忠诚,大别山区军民无论是在革命的高潮时期,还是在遭遇严重挫折困难的低谷阶段,在敌人不断反复的残酷的"会剿""清剿""围剿""驻剿""追剿""扫荡"中,面对艰难困苦和生死考验,始终都能做到不动摇、不退缩、敢担当,始终都能以饱满的热情、高昂的斗志和顽强的毅力投身到革命斗争中去。戴克敏、王树声、周维炯、吴焕先、刘仁辅等革命先辈,是他们中的杰出代表。

吴焕先,河南新县人,1907年出生,家庭境况殷实。1923年,进入湖北麻城职业学校学习,吴焕先在这里接受了马克思主义,积极参加了反对帝国主义列强反对封建军阀的活动,并加入了中国社会主义青年团。1925年夏,吴焕先回到自己的家乡,积极从事革命活动。同年冬,在黄安七里坪,经戴克敏等人介绍,加入了中国共产党。1927年9月吴焕先以中共黄安县县委委员和县委组织部部长的身份参加了中共黄安县委在七里坪召开的制定黄麻地区暴动计划的会议,11月率领箭厂河农民自卫军参加黄麻起义并担任主攻黄安县城北门的任务取得了胜利。黄麻起义后,面对敌人的反扑,吴焕先在异常艰险的状况下,率部与敌人周旋,他乐观地对同志们说,革命好比"野火烧不尽,春风吹又生"。眼前虽受挫折,只要火种在,革命必定"来日再发"。[①] 在吴焕先的带动和影响下,革命斗争在艰难中坚持了下来,但是他自己也因之成了敌人的眼中钉、肉中刺,成了首先被敌人通缉捉拿的要

[①] 星火燎原编辑部编:《解放军将领传(6)》,解放军出版社1988年版,第335—351页。

犯,家中多人惨遭国民党地方民团杀害。吴焕先曾担任红二十五军军长、政委,红四方面军政治部主任等职务。在艰苦的斗争环境下,吴焕先始终坚定信念,对党忠诚,从不动摇。他曾在鄂豫边界的天台山上的石洞边留下了"深山密林是我房,沙滩石板是我床,尽管敌人逞凶残,坚决斗争不投降"等诗句,吴焕先就是凭借对马克思主义的信仰、对党对革命的坚定信念,勇往直前、义无反顾,直到 1935 年 8 月 21 日在甘肃泾川四坡村战斗中牺牲。①

　　安徽省六安市金寨县共产党员刘仁辅,1885 年出身于地主家庭,曾就读于安庆政法学校。1920 年接受革命思想,1922 年秋,他毅然脱离自己的家庭,开始领导当地农民运动。1927 年加入共产党。1930 年 8 月,在反"清剿"战斗中子弹打光,跳下山崖,身负重伤,在昏迷中落入敌手。敌人对他百般折磨,但他大义凛然,刚直不屈。敌人见硬的不行,又对他进行利诱。刘仁辅痛斥敌人:"我们共产党人不为名誉地位,不图升官发财,我们信仰的是共产主义,为的是天下穷苦人民得解放! 我们可以舍得一切,甘愿献出一切!"无计可施的敌人,最后残暴地用铁钉将他四肢钉在六安城门上示众。敌人对他的亲属也不放过,全家有 6 人惨遭杀害。②

　　类似这样的追求真理、忠于共产主义、忠于中国共产党的信念、决心、志向和行动,在整个大别山地区的革命斗争中,不是个例,而是具有普遍性和广泛性。比如,皖西道区独立团团长兼政委刘开源,在红四方面军第四次反"围剿"失利后,组织游击队进山打游击,在一次战斗中,为掩护同志转移不幸被捕,敌人严刑逼供,将他浑身打得稀烂,血肉溅得满墙都是,口中仍不断痛斥敌人,高呼"敌人必败,革命必胜";再比如,金寨县的詹谷堂、桂月峰、沈仲华等许多革命干部,面对敌人的刀砍、斧刹、刀铡等酷刑,毫不畏惧,他们忍受着肉体上的极大折磨,坚守着理想信念,坚贞不屈,慷慨赴死,在所不惜。

　　在大别山区广大军民坚持革命斗争的过程中,他们还曾遭遇过"左"倾路线斗争的迫害和摧残。1931 年后,张国焘为了满足个人权欲,铲除异己,在大别山区党内军内进行过极为残酷的"肃反"运动,杀害了大批优秀干部。但是忠于革命事业的广大指战员和人民群众,不曾动摇对党、对共产主义的信念,仍前仆后继、英勇不屈地和敌人战斗。在从麻埠到白雀园"肃反"期间,红军还不断向外出击,先后取得了武庙集、乌龙集、和凤桥、仁和集、草庙集等战斗的胜利。在连续作战中,有些被诬为"反革命"而遭逮捕的干部、战

---

① 孙俊杰:《红二十五军军魂——吴焕先》,郑州大学出版社 2011 年版,第 1 页。
② 金寨红军史编辑委员会编:《金寨红军史》,解放军出版社 2005 年版,第 230 页。

士,当被暂时释放出来编为"突击队"时,毅然冲锋陷阵,奋不顾身地打击敌人,其中许多人为革命事业光荣地献出了生命。徐向前同志后来在谈到这段历史时说:"当时内部杀了那么多的人,也没有把我们党搞垮,把红军搞垮,就是因为人心向着共产党,向着红军。"①而这也是大别山军民始终坚定信念,对党忠诚的有力证明。

在今天的大别山地区还留存有当年的许多革命标语,表达了大别山区军民对党、对革命的坚定信念,如"'土豪是个鳖,农民是块铁。若要打穷老子的共产党,除非天来灭。农友一条心,革命无不胜。野火烧不尽,春风吹又生''树也砍不完,根也挖不尽,留得青山在,到处有红军'"等②。实际上正是因为有着坚定的信念、忠诚于党的事业,大别山区的斗争才能一直坚持下来,直到中国革命的最后胜利。

二、英勇顽强,敢打善战

"英勇顽强,敢打善战"是大别山区军民20多年革命斗争中充满血性胆魄和智慧的生动写照,是大别山红色文化的关键要素。自五四运动以后,由于大别山区革命运动的发展加之战略地位极为重要,因此大别山区一直是反动势力围攻进"剿"的重点。为了彻底消灭大别山区的革命力量,反动势力倾尽全力对大别山区进行无休止的军事进攻,实行恐怖统治和经济封锁。黄麻起义后,工农革命军第七军、红三十三军、红一军、红四军、红四方面军、红二十五军、红二十八军、新四军第5师、刘邓大军等先后在大别山区建立过根据地,而后又因为战争形势变化而转移。每次我军主力撤离后,敌人都会卷土重来,烧杀抢掠,变本加厉地对根据地军民实行疯狂地报复。

所以,当时打仗,"不仅要吃大苦,耐大劳,而且要流血,要死人。战役战斗的准备和进展过程中,连续行军,连续作战,顶酷暑,冒严寒,喝不上水,吃不上饭,几天几夜睡不上觉,是家常便饭。每个战役战斗的胜利,(我们)都要付出血的代价——少则几十人,多则几百人甚至上千人的伤亡"③。为了彻底消灭敌人,什么饥寒、苦累、危险、伤病、流血牺牲,通通不在话下。

可以说,在中国共产党的领导下,大别山区的广大军民始终保持着敢斗敢争、敢打敢拼的英勇顽强的战斗作风,始终做到矢志不渝、坚忍不拔,在严酷的环境中,不灰心、不气馁,英勇顽强,愈挫愈勇,敢打善战,不胜不休。

---

① 徐向前:《徐向前回忆录》,解放军出版社2007年版,第116页。
② 曹祥云:《大别山地区红色文化与社会主义核心价值体系构建》,信阳师范学院硕士论文,2012年3月1日。
③ 徐向前:《徐向前回忆录》,解放军出版社2007年版,第167页。

纵览我党、我军历史，从大别山区血与火的洗礼中成长起来的共和国将帅，无一不是以狠、硬、快、猛、活而闻名中外。而这些开国将帅在革命斗争中展现出来的精神，正是新民主主义革命时期整个大别山地区军民英勇顽强且敢打善战革命精神的外部绽露。

三、甘于奉献，敢于牺牲

土地革命战争时期，金寨县先后有10万英雄儿女参军参战，大多为国捐躯；有8万多革命干部群众被敌人杀害。中华人民共和国成立后，已统计出的革命烈士有1万多人，占安徽省烈士的1/5；其中县团级以上烈士有500多人。在《中华英烈大辞典》收录的全国县团级以上英烈1.5万人中，金寨红军烈士就有330多人，占全国的1/50。还有许多难以统计的无名烈士，长眠在金寨和祖国各地。革命烈士的热血浸入和染红了祖国的土地。习近平主席2016年4月在金寨考察时指出："一寸山河一寸血，一抔热土一抔魂。回想过去的烽火岁月，金寨人民以大无畏的牺牲精神，为中国革命事业建立了彪炳史册的功勋，我们要沿着革命前辈的足迹继续前行，把红色江山世世代代传下去。"①习近平主席的讲话是对民主革命时期金寨人民甘于奉献、敢于牺牲，为中国革命做出重大贡献的充分肯定，实际上也是对民主革命时期大别山区广大军民甘于奉献、敢于牺牲精神的充分肯定。民主革命时期，大别山区"先后有200多万人参军参战，近百万人英勇牺牲，仅登记在册的烈士就有130 351名"②。甘于奉献、敢于牺牲体现出革命战争年代大别山军民在极端困苦环境下不屈不挠的革命斗志，是大别山红色文化的鲜明特征和品格特质。从建党前后，到黄麻起义、商南起义、六霍起义，再到解放战争时期迎接刘邓大军南下，大别山区军民甘于奉献、敢于牺牲，造就了大别山红旗不倒的人间奇迹。

土地革命战争期间，从红一军到红四方面军，连续粉碎了敌人先后集结的约60万人兵力的三次"围剿"；红四方面军主力被迫西征后，大别山地区又重建了红二十五军，在更加残酷的环境中，粉碎了敌人大规模的划区"清剿"，牵制了数十倍于我的敌兵；红二十五军奉命长征后，大别山地区的斗争环境异常艰难，但重建的红二十八军和具有第二武装性质的便衣队，坚持了从山区到平原、从老区到新区的3年游击战争，始终红旗不倒。

---

① 《习近平在安徽调研时强调全面落实"十三五"规划纲要　加强改革创新开创发展新局面》，人民日报2016年4月28日。
② 数据来源于新县鄂豫皖苏区首府革命博物馆。

14年抗战中,大别山区我军在日、伪、顽夹击中"对日伪作战达到4 000余次,歼灭日伪10万余人,部队由分散的游击队发展为主力部队达到8万人,民兵部队30余万"①,大别山区军民在我党领导下,用鲜血和生命坚持住了大别山区的敌后抗战。

解放战争前夕,大别山区我军为牵制国民党军,支援兄弟部队,被国民党30万大军包围在方圆100千米的宣化店地区,面对敌人的施压和迫害,大别山区我军苦熬坚守,甘于奉献,敢于牺牲,坚持完成了党中央"牵制国民党军"的战略任务,并胜利突围。刘邓大军千里跃进大别山后,在敌情十分严重、供应异常困难、人员和装备削弱的情况下,先后取得了张家店、高山铺等一系列战斗的胜利,在大别山区站稳了脚跟,为解放战争的胜利做出了重大牺牲和贡献。

在28年的峥嵘岁月里,"甘于奉献,敢于牺牲"是革命战争年代大别山区我军广大官兵和普通人民群众的群体意识。大别山区的广大军民参加革命,一不为钱,二不为官,在各自岗位上,努力工作,流血牺牲,一心一意要消灭敌人。面对国民党军反复的"围剿""会剿""清剿",日本侵略军的多次"清乡""扫荡",大别山区军民前仆后继,顾全大局,以自己的奉献和牺牲,在大别山区筑起攻不破的铜墙铁壁、毁不垮的血肉长城。

四、一心为民,军民团结

"一心为民,军民团结"是大别山区革命斗争持续不断的力量源泉,也是大别山红色文化的价值追求。中国共产党的宗旨是全心全意为人民服务。大别山地区的共产党人和革命军队时刻牢记并忠实地践行着党的这一宗旨。民主革命时期,大别山地区的共产党人和革命军队,始终把人民的利益放在第一位。他们不仅为着人民的长远利益而流血牺牲,还时刻关注群众的当前利益。比如,在鄂豫皖根据地物资困难的时候,中央分局专门作出《粮食问题决议案》,"决定苏维埃、党部等机关每日两餐稀饭、一餐干饭,军事机关每日一餐稀饭、两餐干饭"②,尽量节约粮食,减轻民众的负担,并以节约的粮食接济群众;鄂豫皖苏区第二次苏维埃代表大会通过的《苏维埃政府临时大纲》特别强调:"苏维埃是工农代表会议,是工农民主专政的政权,是彻底替工农兵谋解放的政权,与地主、资产阶级、国民党政权完全对立。"③

---

① 中国抗日战争军事史料丛书编审委员会编:《中国抗日战争军事史料丛书·新四军会议史料》(4)(5),解放军出版社2015年版,第168页。
② 鄂豫皖革命根据地组委会编:《鄂豫皖革命根据地》第2册,河南人民出版社1989年版,第434页。
③ 同上书,第428页。

党和军队一心为民,大别山区的人民也时刻念着党、念着自己的军队,他们把党和人民军队看作"自己的救星"。为了革命,处于极度险恶境况的苏区民众宁肯自己丢掉家园,进深山藏粮食,在山里风餐露宿、忍饥挨饿,也倾尽全力支持红军、新四军和解放军。在20多年的革命斗争中,从送粮送衣、救护伤员、传递情报到参加红军、新四军和解放军以及游击队,从建设苏维埃政权到保卫根据地,大别山区人民为中国革命做出了巨大的贡献。所谓"铜锣一响,四十八万,男将打仗,女将送饭"这一男女参战的情景是整个大别山区人民支持红军、参加革命的生动写照。

据记载,"1930年5月至6月,鄂豫皖红军在鄂东作战时,部队接连三次扩编,大批青壮年农民参加了红军,仅黄安七里坪檀树岗招兵站,一天就招了800人,三天共招2000人;1931年,第二次反'围剿'斗争胜利后,仅6月至8月,鄂东北、豫东南地区,有7000多农民参加了红军,皖西北地区有2000多人参加了红军"①。1932年3月至5月的苏家埠战役中,皖西地区的群众掀起了参加红军的热潮,"出现了父送子、媳妇送郎和父子、兄弟以及广大人民群众争当红军的动人情景。由于广大农民群众的踊跃参军,鄂豫皖边区红军在两年时间里,迅速扩大为强大的红四方面军,并拥有20余万的地方武装"②,广大翻身农民群众成为红军队伍有力的组成部分。

除了踊跃参加红军外,大别山区的人民对党的拥护还表现在平时站岗放哨,维持苏区社会秩序,战时则积极支援前线,保障红军作战需要。在黄安战役中,黄安及附近各县男女老少齐动员,男性运粮草,送弹药,抬担架,妇女烧水煮饭,救护伤员,赤卫军则直接参加战斗。在苏家埠战役打响时,皖西地区广大民众立即行动起来,他们组织运输队、担架队、洗衣队、补给队、慰问队、宣传队,为红军送粮送衣、送医送药、抬送伤员、传递情报,还对敌作政治瓦解工作,有时拿起武器直接参加战斗,军民共歼敌人。③

依靠人民群众,坚持群众路线,取得人民群众的拥护和支持,筑牢与人民群众生死相依的鱼水关系,是我党我军能够坚持大别山区军事斗争持续不断的力量源泉。正如毛泽东同志指出的:"根据地虽小,却有很大的政治上的威力,屹然和庞大的国民党政权相对立,军事上给国民党的进攻以很大

---

① 《鄂豫皖苏区历史简编》编写组:《鄂豫皖苏区历史简编》,湖北人民出版社1983年版,第150页。
② 同上书,第181页。
③ 中共六安地委党史工作委员会编:《皖西革命史(1919—1949)》,安徽人民出版社1987年版,第170页。

的困难,因为我们有农民的援助。"①"军队须和民众打成一片,使军队在民众眼睛中看成是自己的军队,这个军队便无敌于天下。"②

五、实事求是,勇于创新

大别山区交通闭塞,信息不畅,又长期处于残酷的白色恐怖笼罩之下,关键不像延安、井冈山那样在党中央、毛泽东同志的直接领导下,能坚持28年红旗不倒,除了以上各种因素外,还与大别山区军民"实事求是,勇于创新"的精神有密切关系。"实事求是,勇于创新"是大别山红色文化的内驱动力。

在民主革命时期,大别山地区的共产党人始终坚持一切从实际出发,实事求是,敢于创新,善于创新,制定出了适合实际斗争环境的方针政策和战略战术。大别山区军民正是凭着坚持真理、实事求是又勇于创新的精神,才使大别山地区的革命力量,在艰苦的革命斗争形势下,赢得生机,并最终取得胜利。

1927年的黄麻起义后,大别山区我军在党的领导下,结合实际斗争的情况,自觉地走上了工农武装割据的革命道路。这一革命道路的正确选择,是大别山区我军在革命斗争中自己摸索的结果,是实事求是、勇于创新的重要体现。大别山和井冈山在中国革命战争年代,在不同的地域走出了相同的革命道路,这充分说明:只有从实际出发,实事求是,敢于创新,将马克思主义基本原理和中国革命实际结合起来,中国革命才能取得胜利。

在战略战术方面,早在1928年,大别山区我军就创造了"八会"和"十六字诀"的游击战术原则,即会"跑、打、散、集、进、退、知、疑"和"昼伏夜动、远袭近止、声东击西、绕南进北"。③ 1929年11月20日,进一步总结提炼出游击作战的七条原则:"(一)集中作战,分散游击;(二)红军作战,尽量号召群众参加;(三)敌情不明,不与作战;(四)敌进我退,敌退我进;(五)对敌采取包围的形式;(六)对远距离的敌人,先动员群众扰乱敌人,再采取突击的方式;(七)敌人如有坚固防御工事,不与作战。"④

上述作战原则和指导思想,与井冈山地区红军作战的"十六诀"在本质上是一致的,有异曲同工之妙。它们反映了红军建立初期游击战的特点和规律,保证了根据地军民不断取得战争的胜利。后来,在艰苦的3年游击战

---

① 《毛泽东选集》第一卷,人民出版社1991年版,第190页。
② 《毛泽东选集》第二卷,人民出版社1991年版,第512页。
③④ 徐向前:《徐向前回忆录》,解放军出版社2007年版,第61页。

争中,大别山区我军从实际出发,总结经验,又创造性地提出了"四打四不打"的作战原则,即"敌情明、地势好、缴获大、无大伤亡就打,反之不打"①。这些都体现出了大别山区我军革命斗争的智慧和创新精神。

再如大别山区我军制定出的类似"三大纪律八项注意"的铁的纪律,也充分体现了勇于创新的精神。土地革命战争时期,大别山区我军结合斗争实际和部队建设需要,提出如下纪律规定:"要服从命令听指挥。打仗不听指挥,轻者受批评,重者关禁闭。路过家乡,要回家看看,须得请假,不能自由行动。打土豪所得的财物均归公,不准贪污,否则枪毙。……不准调戏妇女,不准随便抓人、杀人,不准抢东西,不准烧房子。……部队每到一个地方,派饭一桌给一元,睡觉没有稻草用钱买,走的时候,把房子收拾干净,上好门板。……官和兵吃一样的饭,睡的都是民房,铺的都是稻草。"②后来又进一步提出了"十条纪律"规定:"不拿穷人一针一线,不拿穷人粮食,对穷人态度要和蔼,爱护枪不要弄坏,节省子弹勿乱打,对群众要宣传红军主张,火线上要对白军宣传,占城市注意收集机器医药,得物资要先顾伤员同志,到地方要研究地形道路。"③所有这些与毛泽东在井冈山提出的三条纪律、六项注意极为类似。1934年,《红军三大纪律八项注意歌》在大别山区诞生。

在长期的革命实践中,大别山区共产党人和广大军民,不等不靠,创造了28年红旗不倒的革命奇迹。在血雨腥风中形成的坚持真理、实事求是、勇于创新的精神弥足珍贵。

总之,大别山红色文化的精神内核,可以概括为"信念坚定,对党忠诚;英勇顽强,敢打善战;甘于奉献,敢于牺牲;一心为民,军民团结;实事求是,善于创新",这是大别山区军民用鲜血和生命铸就的革命信仰、革命本色、革命行动、革命品质的体现,是宝贵的精神财富,同时折射出人民军队从胜利走向胜利的内在缘由。正如习近平主席在庆祝中国人民解放军建军90周年大会上发表重要讲话时所强调的:"人民军队从胜利走向胜利,彰显了中国共产党领导的伟大力量……彰显了理想信念的伟大力量……彰显了改革创新的伟大力量……彰显了战斗精神的伟大力量……彰显了革命纪律的伟大力量……彰显了军民团结的伟大力量……"④这种伟大的力量,对于当下我们实现中国梦和强军梦,建成世界一流军队无疑都具有极为重要的现实价值。

---

① 《鄂豫皖苏区历史简编》编写组:《鄂豫皖苏区历史简编》,湖北人民出版社1983年版,第317页。
② 徐向前:《徐向前回忆录》,解放军出版社2007年版,第65页。
③ 同上书,第66页。
④ 习近平:《在庆祝中国人民解放军建军90周年大会上的讲话》,党建网,2017年8月3日。

第四节 大别山红色文化的基本特征

作为印有时代烙痕和地域特点的大别山红色文化,具有一系列鲜明的特征。

一、实践性和人民性

大别山红色文化是新民主主义革命时期中国共产党在领导广大军民开展革命斗争的实践中逐步形成和发展起来的,无论是物质形态的红色文化,还是信息形态的红色文化乃至精神层面的红色文化,都是革命斗争实践的产物,凝结着革命斗争的智慧。大别山红色文化因应着大别山区军民持续斗争、生存发展的需要,在实践中形成,在实践中检验、丰富和发展,又在实践中转化为广大军民的精神动力,推动着大别山区革命事业的发展。由此可见,大别山红色文化是一种实践的文化,它带有鲜明的实践特色。大别山红色文化的形成发展过程中,广大军民作为文化形成的主体,同时,又是文化作用的对象,是接受文化熏陶和洗礼的客体,自始至终全程参与、广泛参与,并与广大军民自身的翻身解放相融合,从而呈现出鲜明的人民性。

二、革命性和先进性

大别山红色文化是在大别山区持续长达28年的革命活动中形成的,革命性自然成为大别山红色文化的天然属性。大别山红色文化的革命属性,是指在党的领导下,旨在以武装斗争的手段,推翻三座大山,求得实现民族独立、人民解放的伟大梦想。大别山红色文化的这种革命性融入革命斗争的实践,培育出了一大批军政兼优、忠诚敢当的中国共产党人,在党的领导下,他们高擎红色文化的旗帜,号召广大民众汇聚于革命洪流之中,团结奋斗,勇往直前,形成了战无不胜、坚不可摧的革命力量。这个革命性的文化,是在马克思主义科学理论的指引下,是在中国共产党的领导和哺育下,形成和发展起来的。它是以新的先进的生产方式取代旧的落后的生产方式作为革命的目标,代表着时代前进的方向,反映着历史发展的规律,具有先进文化的特性。

三、传承性和时代性

大别山红色文化不是无源之水、无本之木,它深深扎根于中华文化的沃土之中,忠勇顽强、牺牲奉献、艰苦奋斗、创新发展等民族优良传统,在大别山红色文化当中得到了继承发展,所以大别山红色文化中,蕴含着源远流长的民族文化基因。同时,在大别山红色文化的形成过程中,大别山区军民把我国优秀传统文化基因与新民主主义革命时期不同阶段的斗争要求相融合,从大革命时期到土地革命战争时期,再到抗日战争时期、解放战争时期,内在地、持续不断地传承着大别山红色文化的血脉,引领着大别山区军民在革命斗争的过程中取得一个又一个胜利。另外,随着革命事业的发展,大别山区的军民一方面在历时段上传承着大别山红色文化,另一方面又在共时段上将大别山红色文化像火种一样,播撒到整个中国革命的历史进程中,为中国革命的胜利持续发挥着巨大作用。

大别山红色文化是特定时代的产物,特定的时代会因应时代的需求而产生特定的适应时代的文化。文化具有相对的独立性和稳固性,一经产生,即便是时代发生了变迁,它也不会轻易地消逝,先进的文化更是如此。大别山红色文化是在长期的革命进程中形成、发展和壮大起来的,它虽是过去时代的产物,但它的精神内核与新时代同频共振,仍然放射着耀眼光芒,具有强大的生机和活力,是我们努力实现中国梦、强军梦的强大精神支撑。

第五节　大别山红色文化的历史地位

大别山红色文化,是大别山区军民在党的领导下形成的一种独特的地域文化类型,它来源于新民主主义革命时期大别山区军民的历次革命斗争的具体实践的深厚积淀,在外显上具有厚重的物质载体和信息载体,在内涵上具有丰富的精神指向。大别山红色文化是整个大别山文化的核心,是中国红色文化的重要组成部分,在中国革命历史进程中发挥了重要的历史作用,其历史地位十分突出。

一、大别山红色文化是大别山文化之魂

大别山区地处鄂豫皖三省交汇处,具有深厚悠久的历史文化底蕴。这里很早就有古人类居住和活动,是中华文明曙光升起的地方。距今约5 000多年的安徽潜山薛家岗遗址和含山凌家滩遗址的发现,说明早在新石器晚期长江中游地区就出现了人类文化的第一个活跃期。地缘和区位的优势,使得大别山在中原文化和南方文化、黄河流域与长江流域两大文明的冲突交融中得风气之先,"僻在荆蛮,筚路蓝缕"的荆楚文化和整体至上、海纳百

川的中原文化就植根于这片土地。源远流长、绵延不息的文化历史积淀,为大别山标刻上了深深的文化印记,铸就了大别山文化的风尚特质。素有"豫韵楚风"的大别山人杰地灵,精英荟萃。数千年来,这块土地上诞生的名人,不胜枚举。良将名相、文苑群英、党史英杰、政坛名要犹如星斗中天,辉耀古今。

因此,从大别山文化整体看,大别山是一座文化之山,有着悠久的文化历史,文化内涵也相当丰富。但近现代历史上的大别山,更是一座英雄之山、革命之山,它是我党我军长期坚持的一块革命根据地,是全国闻名的红色山脉,在创建中华人民共和国这一波澜壮阔的历史进程中留下了浓墨重彩的一笔。从历史地位上看,经过特定历史时期和具体革命实践的深厚积淀所形成的大别山红色文化是整个大别山文化之魂。

魂,是事物最精粹且主要的部分,是人的精神思想。大别山红色文化的本质和核心是精神层面的,如上所述它具有丰富的内涵,它是在中国共产党的领导下,在大别山区广大军民的浴血奋战中,在马克思主义与中国革命实践相结合的过程中形成的,是由大别山区党政军民共同创造的伟大精神,它是中国共产党人的历史使命、根本宗旨、政治本色和人格力量在大别山这一特定区域的集中反映,是马克思主义世界观、人生观和价值观的充分体现,闪耀着共产主义的思想光芒。这种革命精神在大别山区、在中国漫长的革命历程中发挥了重要作用,为中华民族的解放做出了巨大贡献。它是大别山革命老区创造"28年红旗不倒、22年武装斗争不断"这一中国革命斗争历史奇迹的根本原因所在。任何先进的精神都具有与时俱进的品质,当下,这种延续传承、历久弥新的革命精神焕发出时代的光彩,是整个民族凝聚力量、攻坚克难,沿着中国特色社会主义道路奋勇向前的力量源泉。因此,以这种革命精神为主题和内核的大别山红色文化,是整个大别山文化的最突出构成,彰显了整个大别山文化的精、气、神,是大别山文化之魂。

二、大别山红色文化是中国红色文化的主要源流之一

从中国红色文化形成发展看,中国的红色文化来源于、形成于中国不同的文化地域和历史时期,由中国共产党创造形成的多地红色文化集结而成。如,井冈山红色文化、大别山红色文化、延安红色文化、太行山红色文化、西柏坡红色文化,等等。大别山红色文化与中国其他不同地域的红色文化共同构成中国红色文化的有机整体。

大别山红色文化是中国红色文化的主要"源头"之一。土地革命战争时

期的三大革命根据地,可视为中国红色文化的三大摇篮,即中央革命根据地、鄂豫皖革命根据地、湘鄂西革命根据地。如前所述,1921年中国共产党诞生后,1922年大别山区就成立了第一个共产党小组。此后,大别山区各地相继建立了党组织,播下了革命的种子。1927年大革命失败以后,党的八七会议确立了土地革命和武装反抗国民党反动派的总方针。在党的领导下,大别山区先后爆发了黄麻起义、商南起义、六霍起义,这三次起义创建了鄂豫边、豫东南、皖西三块革命根据地。1930年,根据中共中央的指示,三块革命根据地连成一片,统一领导,成立了中国共产党鄂豫皖地区特委、中国工农红军第一军和中国工农民主政府,标志着鄂豫皖革命根据地正式形成。鄂豫皖革命根据地所辖区域包括:东西长约300千米,南北宽约250千米,人口约350万,拥有红安、商城、霍邱等5个县城,建立了26个县级苏维埃政权。红军共计4.5万人,苏区各县独立团、赤卫军、游击队等地方武装有20余万人,是当时仅次于中央革命根据地的全国第二大革命根据地。所以,从这个意义上说,大别山红色文化、井冈山红色文化与其他地区的红色文化是"源"和"流"的关系(大别山红色文化不仅仅是"源",同时作为一个地域性文化,它自身一直在大别山区不断地丰富和发展,不断地展示和扩张着它的巨大的、源源不断的影响力)。后来形成的延安红色文化、西柏坡红色文化等可以说是在井冈山红色文化和大别山红色文化的基础上发展起来的。从历史地位上看,大别山区是中国红色文化的主要形成地和发源地,大别山红色文化和井冈山红色文化是其他红色文化的"源头",是中国红色文化的前驱和先锋。

　　大别山红色文化充分彰显了中国红色文化的发展历程。从中国共产党的成立到中华人民共和国的诞生,大别山见证了共产党人领导的中国新民主主义革命的起起落落,在中国革命的各个历史时期都占有十分重要的地位。第二次国内革命战争时期,大别山是红军的摇篮,这里先后创建了鄂东军、第十一军、红一军、红四军、红四方面军、红二十五军、红二十八军等革命武装。在这里,无数的热血儿女走上了不屈抗争的道路,为中华人民共和国的诞生抛头颅、洒热血,立下了汗马功劳。中共鄂豫皖中央分局、鄂豫皖特区苏维埃政府、红四方面军总部都曾设在此地,建立了鄂豫皖革命根据地。抗日战争时期,红二十八军在大别山地区坚持斗争,后改编为新四军第4支队,在皖东、皖中一带武装抗日,浴血奋战;新四军第5师将革命的旗帜插在大别山上,始终坚持着艰苦的敌后抗战。解放战争时期,中原突围揭开了解放战争的序幕,刘邓大军千里跃进大别山,以此为标志,人民解放军转入战略反攻。中原野战军从这里出征,与华东野战军联手展开淮海战役、渡江战役,为创建新中国立下了不可磨灭的殊勋。

大别山在中国革命斗争中的突出地位及其在中国革命胜利和中国诞生中发挥的重要而特殊作用,决定了在这一革命实践中形成和积淀的大别山红色文化在中国红色文化中的地位。大别山红色文化是中国红色文化构成中不可或缺的核心内容,是中国红色文化体系中极为重要的源生性元素。此外,在推动了中国革命历史进程的大别山这一特定区域融合生成的大别山红色文化,不但具有丰富的精神内涵,也有厚重的物质和信息载体。这些载体承载着大别山区革命斗争历程,记录着大别山区宝贵的红色文化资源,它们也必然是中国红色文化资源宝库不可或缺的重要组成部分。

三、大别山红色文化在中国革命历史进程中发挥了重要作用

从大别山红色文化的历史作用看,它作为一种较为独特的地域文化类型,作为一种反帝反封建的、民族的、科学的、大众的文化形态,是那个时代的先进文化和战斗文化,在中国革命的历史进程中发挥了重要作用,有着不可低估的历史地位。

大别山红色文化的形成与大别山区的革命活动和斗争紧密相连。中国共产党成立后,将自身先进的革命文化带到了大别山这块有着优秀传统文化的土地上,再加之马克思主义思想的影响,最终使得优秀的民族传统文化和无产阶级革命文化在大别山区交融汇合,从而形成了中国革命的先进文化——大别山红色文化。1930年鄂豫皖革命根据地的统一和形成,也就标志着大别山红色文化的正式形成。作为无产阶级的先进文化,大别山红色文化摧毁了大别山区以宗法制度和宗法思想为中心的腐朽落后的旧文化,改善了根据地人民的精神文化生活,使马列主义思想普遍传播开来。此前的大别山地区是一个以家族为中心的宗法社会,"家族制""男尊女卑"等封建传统观念严重束缚着人们的思想。而革命思想在此地得到传播后,人们逐渐摆脱宗法思想和宗法制度的束缚,思想觉悟普遍提高,腐朽的传统家族观念被打破。曾经的宫、观、庙、宇变成了广大农民尤其是孩子读书的学校。包办婚姻、买卖婚姻、童养媳、穿耳、蓄发、缠足、束胸等各种旧社会的陋习也被一一革除。各种封建迷信活动和宗法活动逐渐消除,根据地人民的思想、道德、观念也随之发生了积极向上的变化。革命前,大别山区的文化活动主要是与祭祀、封建迷信活动结合在一起的。中国共产党来了之后,这里的各项文化活动就逐渐开明化、科学化,且成为革命活动的重要组成部分。由于各级党政机关的高度重视和革命群众的广泛参与,根据地的文化教育事业

蓬勃发展起来。在鄂豫皖革命根据地,俱乐部、列宁室遍及城乡和部队,各种报刊及文艺团体如雨后春笋,各种文艺宣传和演出活动广泛开展。① 党领导下的文化宣传工作者充分利用通俗易懂且具有民众特色的形式和手段进行教育和传播,通过各种渠道传播马列主义文化和无产阶级革命思想,让革命的种子逐渐生根发芽。这一活动打破了他们原有的文化心理结构,让马列主义这一在革命前大别山人民闻所未闻的新的文化在根据地广泛传播开来,使劳苦大众不断提高无产阶级思想觉悟。过去的善男信女,"两相不再相信菩萨了,他们是相信马克思列宁主义了"。学校、俱乐部等文化教育场所,都高悬列宁和马克思的画像,就是在农民家中,许多从前是供奉菩萨的,现在都是被列宁、马克思驱逐出去了。一切菩萨的庙宇,都变成列宁学校了。在七里坪、新集和金寨等根据地的中心地区,人人都知道革命导师马克思和列宁,知道卢森堡和李卜克内西等国际工人运动的领袖,懂得无产阶级革命要经过社会主义阶段,最后在全世界实现人类最美好的共产主义社会。正因为这样,苏区军民胸怀远大目标,不畏艰难险阻,积极参加土地革命,大力开展革命战争,为夺取新的胜利而前仆后继地战斗。② 有力而巧妙的革命宣传活动,使苏区群众将无产阶级的阶级意识、共产主义的思想观念逐步内化为自己的价值观念、思维模式、道德准则和行为规范,制约着人们对社会文化的取舍态度和评价标准,构建起新的文化心理。

大别山红色文化是在摧毁腐朽的封建文化和帝国主义侵略的买办文化的暴力革命斗争中形成的,具有明显的革命性,是一种战斗文化。"紧跟着工作任务或战斗任务而来的就有文艺活动的协同动作",大别山红色文化的发展,是推动革命事业前进的重要手段,它让无产阶级革命文化观念深入人心,激发了大别山区人民昂扬的斗志,巩固和发展了革命根据地。在当时,红军打到哪里,哪里就贴满了各种标语、宣传画和墙头诗;红军来到任何一个地方,就有嘹亮的革命歌声和慷慨激昂的革命讲演。这种形式多样的革命文化,瓦解了敌人的斗志,壮大了红军的声威。而随着各级苏维埃政权的建立和苏区教育的发展,到处都是母送子、妻送郎参加红军上前线的动人场面。这使得红军和地方武装在战斗最艰苦的情况下也能迅速发展壮大,根据地在强敌封锁包围的险恶环境下也能得到巩固发展。

总之,大别山红色文化是中国革命在大别山地区取得胜利和中国共产

---

① 《鄂豫皖苏区历史简编》编写组:《鄂豫皖苏区历史简编》,湖北人民出版社1983年版,第200—204页。

② 同上书,第205页。

党在大别山区壮大发展的坚实的思想文化基础和政治文化基础。在革命时期,它曾经是中国共产党领导大别山军民英勇斗争的精神动力和智力支持;至今仍无时无刻不在潜移默化地影响着人们的思想和生活方式,有着十分重要的历史地位。

第二章　大别山红色文化对建设强大军队的功能作用

大别山红色文化是中国红色文化源头之一，它充分体现了新民主主义革命时期大别山区军民为实现初心使命，打碎旧世界、建立新世界的坚定信念和执着追求；充分体现了大别山区军民为夺取革命斗争的胜利，能始终做到一心为民，自觉听党话、铁心跟党走的政治立场和政治品格；充分体现了大别山区军民面对残酷斗争的考验，不怕牺牲、英勇顽强、敢打善战、勇于创新的意志品质和智慧韬略；充分体现了大别山区军民在艰难困苦的环境中，紧密团结、严守纪律、甘于奉献的情感情操和价值取向。它集中体现了中国共产党和人民军队的性质、宗旨和本色，与实现新时代强军目标关系紧密且内在一致，是人民军队从胜利走向胜利的传家法宝，对建设强大人民军队具有极为重大的作用。

第一节　大别山红色文化与实现强军目标的内在一致性

兵者，国之大事，攸关治国理政、发展图强。建设强大的人民军队是党始终关注的重大理论和实践课题。党的十八大以来，中国特色社会主义进入新时代，习近平站在实现"两个一百年"奋斗目标、实现中华民族伟大复兴的战略高度，擘画国防和军队建设蓝图，鲜明地提出党在新时代的强军目标，强调必须建设一支听党指挥、能打胜仗、作风优良的世界一流军队。而要实现强军目标，永葆人民军队性质、宗旨、本色，就必须要贯彻落实好习近平有关弘扬红色文化、传承红色基因，让红色基因代代相传的重要讲话精神，就必须要传承弘扬好大别山红色文化，因为蕴含着红色基因的大别山红色文化与实现党在新时代的强军目标关系紧密、内在一致。

一、习近平强军思想

习近平强军思想,是贯穿国防和军队现代化建设的主线,是总揽全局、引领全军的鲜明旗帜,充分体现了习近平对国际战略形势和国家安全环境的深邃洞察,对军队建设特点规律的深刻把握,对解决军队建设面临突出矛盾问题的深入思考,是习近平主席建军治军方略的重要体现。

习近平主持中共中央和中央军委工作后,高度重视国防和军队建设,亲自部署、亲自推动。2012年11月15日,习主席在新一届中央军委第一次常务会议上发表重要讲话,强调要高举旗帜、听党指挥,这是党和人民对军队的根本政治要求;要紧紧围绕"能打仗、打胜仗"的目标,把我军建设成为"召之即来、来之能战、战之必胜"的威武之师,要始终保持我党我军光荣传统和优良作风。2012年11月16日,习近平主席在军委扩大会议上提出,"'必须毫不动摇坚持党对军队绝对领导''必须坚决完成各项军事斗争准备任务''必须按照全面建设的思想努力推进军队的革命化现代化正规化建设''必须始终保持我军光荣传统和优良作风'"①。2012年12月5日,习主席在接见原二炮党代表大会的代表时指出,要确保部队"绝对忠诚、绝对纯洁、绝对可靠",按照"能打仗、打胜仗"要求扎实推进军事斗争准备,加大依法治军、从严治军力度。2012年12月8日、2012年12月10日,习近平主席在广州考察工作期间强调,要实现中华民族伟大复兴,必须努力建设巩固国防和强大军队,"一是要牢记,坚决听党指挥是强军之魂,必须要毫不动摇坚持党对军队的绝对领导,任何时候任何情况下都坚决听党的话、跟党走。二是要牢记,能打仗、打胜仗是强军之要,必须按照打仗的标准搞建设抓准备,确保我军始终能够做到召之即来、来之能战、战之必胜。三是要牢记,依法治军、从严治军是强军之基,必须保持严明的作风和铁的纪律,确保部队高度集中统一和安全稳定"②。2012年12月26日,习主席在军委扩大会议上,号召全军官兵"为建设一支听党指挥、能打胜仗、作风优良的人民军队而奋斗"。2013年2月,习近平主席在视察空军某基地、酒泉卫星发射中心和兰州军区时再次指出,要"紧紧抓住高举旗帜、听党指挥这个根本,紧紧抓住打赢信息化条件下局部战争……紧紧抓住作风纪律建设,大力加强部队全

---

① 习近平:《把国防和军队建设不断推向前进》,《习近平谈治国理政》,外文出版社2014年版,第215—217页。
② 习近平:《努力建设巩固国防和强大军队》,《习近平谈治国理政》,外文出版社2014年版,第219页。

面建设。"①在此基础上,2013 年 3 月 11 日,习近平主席在出席十二届全国人大一次会议解放军代表团全体会议上鲜明提出,"建设一支听党指挥、能打胜仗、作风优良的人民军队,是党在新形势下的强军目标"②。这标志着新时代强军目标重大战略思想的正式形成。在 2015 年 11 月 24 日军委扩大会议上,习主席首次提出要坚定不移走中国特色强军之路。③ 2016 年 3 月 23 日,在国防大学视察时,习主席首次强调,"实现强军目标,建设世界一流军队"④。2017 年 7 月 30 日,在纪念建军 90 周年大会讲话中,习主席正式提出强军思想。⑤

党的十八大以来,以习近平同志为核心的党中央,着眼于实现中华民族伟大复兴的中国梦,带领全军深入进行理论探索和实践创造,形成习近平强军思想并不断丰富和发展,引领人民军队在中国特色强军之路上续写新的时代篇章。习近平强军思想,本质上就是新时代党的军事思想。

2017 年 10 月,党的十九大召开,确立习近平强军思想在国防和军队建设中的指导地位,把"习近平强军思想"郑重写入党章。党的十九大报告把党在新时代的强军目标完整表述为"建设一支听党指挥、能打胜仗、作风优良的人民军队,把人民军队建设成为世界一流军队"。2017 年 12 月,在中央军委一次重要会议上,习近平主席以"十个明确"系统阐述了新时代党的强军思想的主要内容。在党的二十大后军队一次重要会议上,习近平主席以"十一个明确"的新概括系统阐发新时代党的强军思想,创造性提出"五个坚持"的当代中国马克思主义军事观和方法论,集中反映了新时代建军治军的实践经验和智慧结晶。

"十一个明确"即(1)明确党对人民军队的绝对领导是人民军队建军之本、强军之魂,必须全面加强军队党的领导和党的建设,贯彻党领导军队的一系列根本原则和制度,确保部队绝对忠诚、绝对纯洁、绝对可靠。(2)明确强国必须强军,巩固国防和强大人民军队是新时代坚持和发展中国特色社会主义、实现中华民族伟大复兴的战略支撑,人民军队必须有效履行新时代使命任务。(3)明确党在新时代的强军目标是建设一支听党指挥、能打

---

① 习近平视察空军某基地、酒泉卫星发射中心等,中国新闻网,2013 年 2 月 6 日。
② 习近平:《建设一支听党指挥、能打胜仗、作风优良的人民军队》,载《习近平谈治国理政》,外文出版社 2014 年版,第 220 页。
③ 习近平:《全面实施改革强军战略》,载《习近平谈治国理政》第二卷,外文出版社 2017 年版,第 406 页。
④ 《习近平视察国防大学并发表重要讲话》,中国军网,2016 年 3 月 23 日。
⑤ 习近平:《把强军事业不断推向前进》,载《习近平谈治国理政》第二卷,外文出版社 2017 年版,第 415 页。

胜仗、作风优良的人民军队,到 2027 年实现建军一百年奋斗目标,到 2035 年基本实现国防和军队现代化,到本世纪中叶把人民军队建成世界一流军队。(4)明确军队是要准备打仗的,必须聚焦能打仗、打胜仗,扭住强敌对手,创新军事战略指导,发展人民战争战略战术,全面加强练兵备战,坚定灵活开展军事斗争,有效塑造态势、管控危机、遏制战争、打赢战争。(5)明确推进强军事业必须坚持政治建军、改革强军、科技强军、人才强军、依法治军,坚持边斗争、边备战、边建设,更加注重聚焦实战、创新驱动、体系建设、集约高效、军民融合,加强军事治理,推动高质量发展,全面提高革命化现代化正规化水平。(6)明确改革是强军的必由之路,必须推进军队组织形态现代化,构建中国特色现代军事力量体系,完善中国特色社会主义军事制度。(7)明确科技是核心战斗力,必须坚持自主创新战略基点,推进高水平科技自立自强,统筹推进军事理论、技术、组织、管理、文化等各方面创新,建设创新型人民军队。(8)明确强军之道要在得人,必须贯彻新时代军事教育方针,推动军事人员能力素质、结构布局、开发管理全面转型升级,锻造德才兼备的高素质、专业化新型军事人才。(9)明确依法治军是我们党建军治军基本方式,必须构建中国特色军事法治体系,推动治军方式根本性转变,提高国防和军队建设法治化水平。(10)明确军民融合发展是兴国之举、强军之策,必须巩固提高一体化国家战略体系和能力。(11)明确作风优良是我军鲜明特色和政治优势,必须全面从严治党、全面从严治军,全面锻造过硬基层,坚定不移正风肃纪反腐,大力弘扬我党我军光荣传统和优良作风,永葆人民军队性质、宗旨、本色。

"五个坚持"即(1)坚持政治引领。(2)坚持以武止戈。(3)坚持积极进取。(4)坚持统筹兼顾。(5)坚持敢打必胜。

以"强军目标"为牵引,以"十一个明确"为主干,以"五个坚持"为精髓,习近平强军思想涵盖新时代军队建设、改革和军事斗争准备各领域各方面,贯通军事力量建设和运用全过程,形成了一个内涵丰富、结构严谨、与时俱进的思想体系。

在强军目标中,"听党指挥是灵魂,决定军队建设的政治方向。坚持听党指挥是我军的建军之魂、强军之魂。能打胜仗是核心,反映军队的根本职能和军队建设的根本指向。作风优良是保证,关系军队的性质、宗旨、本色。"①"听党指挥、能打胜仗、作风优良,回答了国防和军队建设带根本性、方向性、全

---

① 习近平:《建设一支听党指挥、能打胜仗、作风优良的人民军队》,载《习近平谈治国理政》,外文出版社 2014 年版,第 220 页。

局性的重大问题,抓住了新时代加强军队建设的聚焦点和着力点,三者相互联系、密不可分,统一于建设世界一流军队的伟大实践,体现了战略谋划、建设标准、发展路径与价值导向的高度统一"①,与我们党一以贯之的建军治军指导思想和方针原则既一脉相承又与时俱进,为我军革命化、现代化、正规化建设相统一的全面建设思想赋予新的时代内涵,提出更高标准要求。

党的十八大以来,以习近平同志为核心的党中央,着眼于实现中华民族伟大复兴的中国梦,着眼军队建设发展全局和新的时代条件,围绕新时代建设一支什么样的强大人民军队、怎样建设强大人民军队做出一系列新的重大判断、新的理论概括、新的战略安排,在波澜壮阔的强军实践中,带领全军深入进行理论探索和实践创造,形成了习近平强军思想,鲜明回答了国防和军队建设面临的重大时代课题,是党在新时代强军兴军的总方略,具有重大现实意义。

一是抢占世界军事竞争制高点的必然选择。军事领域是世界范围内竞争和对抗最为激烈的领域。当今世界,以信息化为主要标志的新军事革命持续推进,电子信息技术、太空和网络攻防技术、纳米技术、临近空间技术、高超声速技术、量子技术等不断取得突破,无人作战、空天战略打击、新概念武器以及高效毁伤弹药的应用等,加速推进战争形态和作战样式发生变化。为适应战争形态和作战样式的演变,世界主要国家都在加速推动军事转型,积极抢占军事竞争新的制高点,以赢得未来的战略主动。在此形势下,谁的动作快,谁就能率先抢占先机。目前,我军机械化建设任务基本完成,信息化建设取得重大进展,但是,相较于世界军事强国,在军事理论、力量构成、军事科技以及武器装备方面,所存在的差距都还比较明显,因此,我们必须要准确把握世界军事革命的发展大势,结合我们的国情、军情,增强忧患意识,强化底线思维,聚焦强军目标,在现有改革成果的基础上将制定的政策制度进一步落实落地,以更好地抢占世界军事竞争的制高点。

二是提升军队建设质量的内在要求。经过几十年的接续奋斗,我军建设已经取得了巨大的成就,但是也还存在着许多矛盾问题。比如,在坚持党对人民军队的绝对领导方面,西方敌对势力始终没有放弃西化、分化的图谋;一些官兵打仗意识淡薄,存在着当和平兵、做和平官的错误思想观念,一

---

① 解放军报评论员:《坚持用强军目标统领国防和军队建设——二谈学习贯彻习主席系列讲话精神》,《解放军报》2014年10月10日。

些部队还存在着训风不严不实不正的问题,在很大程度上影响了部队战斗力提升,对信息化条件下的战争规律和制胜机理把握得不够深透,特别是缺乏现代条件下作战的实践经验,还有一些单位在选人用人、教育管理、作风纪律等方面,不同程度存在着影响部队凝聚力、战斗力的问题。习近平主席鲜明提出党在新时代的强军目标,必将引领广大官兵在客观全面地看待现实存在的矛盾问题和差距中,找准解决问题的正确方向,激发广大官兵投身建成世界一流军队的高昂热情。

三是提供了军队建设全面推进的根本指导。习主席把听党指挥作为强军目标的第一要素加以强调,体现了党对军队的最高政治要求。只有把军队置于党的绝对领导之下,才能以党的先进性确保人民军队的先进性,保持统一的意志、坚强的团结和铁的纪律,保持坚定正确的政治方向。习主席把能打胜仗作为强军的核心,从根本上确立了军队建设的中心任务,明确了军队建设的职能使命。只有紧紧围绕国家安全需求,瞄准强敌抓准备,加快推进国防和军队现代化,不断提高我军核心军事能力,才能确保有效维护国家主权、安全和发展利益。习主席提出的强军目标把作风优良作为建成世界一流军队的保证,突显了军队作风建设的极端重要性。只有大力弘扬党的光荣传统和优良作风,依法治军、从严治军,才能着力纠治官兵身边的不良行为,纯正风气、纯洁关系,进一步调动广大官兵实现强军目标的积极性、主动性和创造性。

四是赋予了我军革命化、现代化、正规化(简称"三化")建设的新任务、新要求。我军革命化、现代化、正规化建设,是一个全局性、整体性、战略性问题,是一个与时代同频共振的发展过程。党在新时代的强军目标,是我们党在深刻把握我军所处的历史方位和阶段性特征中提出的,与我军"三化"建设总目标既一脉相承又与时俱进,规定着新时代军队建设的基本实践,为"三化"建设注入了新的理论内涵和实践要求。这一强军目标,是我军"三化"建设总目标的具体化和时代化,体现了建设大国军队、强国军队、一流军队的必然选择,使我军"三化"建设的目标指向、实践指向、评价指向更加明确、更加聚合。这一强军目标,明确了新时代我军"三化"建设的聚焦点、着力点,直面我军"三化"建设最本质、最紧要、最现实的问题,把革命化建设聚焦在听党指挥上,反映了新时代永葆我军性质、宗旨的新挑战;把现代化建设聚焦在能打胜仗上,突显了履行职能使命对我军能力建设的新要求;把正规化建设聚焦在作风优良上,顺应了新时代党和人民对军队作风形象的新期待,为确保部队打得赢、不变质提供有力保证。这一强军目标,提出了我军"三化"建设的新任务,反映出国际形势发展变化、中国国际地位提升、国家利益不断拓展对我军"三化"建设的新要求,使我军进入一个新的发展阶段,必将有力牵引和推动"三化"建设高起点谋划、高标准推进、高质量落实。

五是确立了国防和军队现代化建设的起点和标准。习近平主席提出听党指挥、能打胜仗、作风优良,将我军建成世界一流军队这一新时代强军目标,是对我军建设目标任务的新概括、新发展,是向全党全军发出的强军动员令。这一强军目标确立了国防和军队现代化建设新的起点和标准。听党指挥的标准集中体现在"绝对"上,就是习主席强调的绝对忠诚、绝对纯洁、绝对可靠。能打胜仗的标准集中体现在"打赢"上,就是习主席强调的召之即来、来之能战、战之必胜。作风优良的标准集中体现在"优良"上,就是习主席强调的永葆人民军队的政治本色和优良传统。党在新时代的强军目标,凝聚着党中央、习近平主席对军队建设的期望重托,回应了建设与中国国际地位相称、与国家安全和发展利益相适应的巩固国防和强大军队的时代呼唤,蕴含着凝聚人心、汇聚力量的无穷伟力。

习近平强军思想,从战略高度明确了新时代我军的使命任务、发展方向,指明了我军建设发展的时代主题。这一思想具有很强的政治性、战略性、方向性和指导性,极富战略远见、战略定力和战略智慧,充分展示了党中央、习近平统筹推进中国梦、强军梦的坚定决心和意志。同时,习近平强军思想成为新时代引领我军建设发展不断奋进的光辉旗帜,为在新时代加快推进国防和军队现代化,指明了前进方向,提供了根本遵循。

二、让红色基因代代相传

"让红色基因代代相传"是习近平强军思想的重要内容。红色基因,是我党我军的生命密码,是我党我军在奋斗历程中用鲜血和生命铸就的光荣传统和优良作风,也是其不可复制的政治优势。它蕴藏在包括大别山红色文化在内的我国红色文化之中,是红色文化的精神内核。在全面贯彻落实新时代强军思想的时代背景下,习近平主席对弘扬红色文化、传承红色基因一直非常重视,在视察革命老区和部队等多种场合反复强调,要发挥好红色资源优势,传承好红色基因。

2013年2月,习近平主席在兰州军区视察时,首次提出"红色基因",强调西北地区红色资源丰富,是延安精神的发源地,要发扬红色资源优势,深入进行党史军史和优良传统教育,把红色基因一代代传下去。[①] 2014年4

[①] 《习近平治军3年 军队血脉承载红色基因》,人民网,2016年1月13日。

月,习近平主席参观新疆军区某红军师师史馆时,叮嘱部队领导,要把红色基因融入官兵血脉,让红色基因代代相传。① 2014年11月,习近平主席在福建上杭古田出席全军政治工作会议期间强调,要把我军政治工作的优良传统恢复和发扬起来,把理想信念的火种、红色传统的基因一代代传下去,让革命事业薪火相传、血脉永续,永远保持老红军本色。② 2014年12月,习近平主席到南京军区机关视察时,叮嘱军区领导要把红色资源利用好、把红色传统发扬好、把红色基因传承好,教育官兵学传统、爱传统、讲传统,始终保持老红军本色。③ 2015年7月,习近平主席视察原第16集团军,强调要坚持思想领先,在固本培元、凝魂聚气上下功夫。引导官兵坚定理想信念、筑牢思想防线、增强政治免疫力,在任何时候、任何情况下都牢牢坚持党对军队绝对领导的根本原则和制度。④

2016年新年伊始,习近平主席在重庆期间到原第13集团军视察。第13集团军是从鄂豫皖苏区走出来的老部队,历史悠久,战功赫赫。在集团军军史馆,习近平边听边看,不时询问有关情况。习近平在视察中特意叮嘱要发掘好、运用好部队中的红色资源,丰富"红色基因代代传"工程内涵,加强党史军史和光荣传统教育,确保官兵永远听党话、跟党走。真正从思想上政治上建设和掌握部队,努力培养有灵魂、有本事、有血性、有品德的新一代革命军人,锻造具有铁一般信仰、铁一般信念、铁一般纪律、铁一般担当的过硬部队。⑤ 同年4月,习近平主席在安徽考察期间,专程前往大别山腹地——革命老区金寨,向革命烈士纪念塔敬献花篮,瞻仰红军纪念堂,参观金寨县革命博物馆,躬身践行传承红色基因,强调老区人民对党无限忠诚、无比热爱,老区精神积淀着红色基因。⑥

2017年八一前夕,习近平主席来到中国人民革命军事博物馆,参观"铭记光辉历史 开创强军伟业——庆祝中国人民解放军建军90周年主题展览"。习近平指出:"人民军队砥砺奋进的90年,凝结着坚定理想信念、优良革命传统、顽强战斗作风,是我们宝贵的精神财富",强调"要铭记光辉历史、传承红色基因,在新的起点上把革命先辈开创的伟大事业不断推向前进"⑦。2017年11月,党的第十九次全国代表大会胜利召开。习近平在十九大报告中特别强调,要"加强军队党的建设,开展传承红色基因、担当强军

---

① ② ③ 《习近平治军3年 军队血脉承载红色基因》,人民网,2016年1月13日。
④ 《习近平的强军之道》,新华网,2016年1月13日。
⑤ 习近平:《深入推进政治建军改革强军依法治军》,新华网,2016年1月7日。
⑥ 《习近平考察安徽金寨:要沿着革命前辈足迹继续前行》,《解放军报》2016年4月28日。
⑦ 习近平:《为把人民军队建设成为世界一流军队而不懈奋斗》,新华网,2017年7月21日。

重任主题教育,……培养有灵魂、有本事、有血性、有品德的新时代革命军人,永葆人民军队性质、宗旨、本色"①。

全面建成世界一流军队,是一个承载历史与未来、艰辛与辉煌的新的历史进程,绝不是轻轻松松就能实现的。越是使命任务重、困难挑战大,越是需要守住红色基因的"传家宝"。党的十八大以来,习主席从实现强军、建设世界一流军队的政治和战略高度,要求我军要把理想信念的火种、红色传统的基因一茬茬、一代代传下去,永葆老红军的政治本色,②深刻阐明了弘扬红色文化、传承红色基因对于建设强大人民军队的重大意义,它是新时代实现强军的根本遵循和思想引领。

三、大别山红色文化与强军目标的内在一致性

习主席不断反复强调弘扬红色文化、传承红色基因,并将之与实现党在新时代的强军目标紧紧结合在一起,是因为,蕴藏和承载着我党我军红色基因的包括大别山红色文化在内的中国红色文化与实现强军目标深度契合,它们之间关系紧密,有着内在一致性。

契合点之一:听党指挥是强军之魂,亦是大别山红色文化之魂。

实现强军目标,建成世界一流军队,要求广大官兵必须信念坚定,做到听党指挥,对党绝对忠诚、绝对纯洁、绝对可靠。实现强军目标,听党指挥是灵魂,这是我军的命脉所在。所以必须毫不动摇地坚持党对军队的绝对领导,使广大官兵自觉听党话、铁心跟党走,在任何时候任何情况下,做到深刻领悟"两个确立"的决定性意义,增强"四个意识"、坚定"四个自信",做到"两个维护",贯彻军委主席负责制,始终在思想上、政治上、行动上同以习近平同志为核心的党中央保持高度一致,坚决听从党中央、中央军委和习近平主席指挥。而"信念坚定,对党忠诚"恰恰是大别山红色文化之魂。如前所述,新民主主义革命时期,大别山区军民在 28 年的奋斗历程中,不论斗争环境如何恶劣,斗争形势如何变化,他们始终坚定共产主义理想信念,始终坚定对党的事业的信心,始终听党指挥,对党绝对忠诚,即便为此抛头颅洒热血亦丝毫不曾动摇,而这恰恰也是大别山区 28 年红旗不倒的最强有力的政治保证。实际上,听党指挥、对党忠诚始终是人民军队的灵魂,是民主革命时期大别山区我军之魂,是同时期其他地区我军之魂,是形成包括大别山红

---

① 习近平:《决胜全面建成小康社会　夺取新时代中国特色社会主义伟大胜利》,《党的十九大报告辅导读本》,人民出版社 2017 年版,第 53 页。
② 中共中央宣传部:《习近平新时代中国特色社会主义思想三十讲》,学习出版社 2018 年版,第 267 页。

色文化在内的我国红色文化之魂。听党指挥是强军之魂,亦是大别山红色文化之魂。

契合点之二:能打胜仗是强军之要,亦是大别山红色文化形成之要。

能打胜仗是强军之要,是实现强军目标的核心要素。反映军队的根本职能和军队建设的根本指向。习近平指出,军队首先是一个战斗队,必须坚持一切建设和工作向能打胜仗聚焦。必须扭住能打仗、打胜仗这个强军之要,强化官兵当兵打仗、带兵打仗、练兵打仗的思想,牢固树立战斗力这个唯一的根本的标准,按照打仗的要求搞建设、抓准备,确保部队召之即来、来之能战、战之必胜;①要深化对未来打什么仗、怎么打仗问题的认识,特别是要具体研究未来可能在哪个方向打仗、同谁打仗、打什么样的仗等问题,力争知己知彼、料敌在先、掌握主动;要坚持从实战需要出发,从难从严训练部队,坚持仗怎么打兵就怎么练,打仗需要什么就苦练什么,紧贴作战任务、作战对手搞好使命课题训练,加强检验性、对抗性训练,在近似实战的环境下摔打锻炼部队;要加强战斗精神培育,教育引导全军大力发扬我军大无畏的英雄气概和英勇顽强的战斗作风,保持旺盛革命热情和高昂战斗意志,一不怕苦、二不怕死的战斗精神决不能丢。② 这深刻揭示了强军就是要强战斗力,就是要不断增强打赢信息化战争的能力。能打胜仗是强军之要,亦是大别山红色文化形成之要。英勇顽强,敢打善战,不胜不休,是新民主主义革命时期大别山区军民在党的领导下,能够不断打胜仗、能够持续坚持大别山武装斗争22年不断线的核心因素,是大别山红色文化的关键精神内核之一,也是大别山红色文化形成发展的关键。如果新民主主义革命时期我军在大别山区不能打胜仗,革命武装力量就不会得到发展壮大;如果不能打胜仗,革命力量就无法在大别山区立住脚,革命工作就无法广泛深入地展开;如果不能打胜仗,就不会有大别山革命根据地的开辟和坚守。总而言之,如果不能打胜仗,就不会有大别山红色文化的形成与发展。所以能打胜仗,亦是大别山红色文化与强军目标的内在契合点之一。

契合点之三:作风优良是强军之基,亦深深蕴含于大别山红色文化之中。

作风优良是强军之基,是实现强军目标的重要保证。古往今来,作风优良才能塑造英雄部队,作风松散可以搞垮常胜之师。习近平强调,作风优良是我军的鲜明特色和政治优势,关系我军政治本色,关系战斗力建设,关系

---

① 习近平:《在十二届全国人大一次会议解放军代表团全体会议上的讲话》,新华社,2013年3月11日;习近平:《建设一支听党指挥、能打胜仗、作风优良的人民军队》,《习近平谈治国理政》,外文出版社2014年版,第221页。
② 习近平:《视察海军驻三亚部队时的讲话》,新华社,2013年4月11日。

党和军队的形象,必须把作风建设作为军队一项基础性、长期性工作抓紧抓实,永葆人民军队政治本色。[①] 从长期实践看,作风建设只有起点,没有终点,要彻底解决问题,非下大力气不可,要以踏石留印、抓铁有痕的狠劲和韧劲,实现作风建设根本性好转。这深刻揭示了作风优良是我军的鲜明特色和政治优势,是强军兴军的保证。这里述及的我军优良作风,在新民主主义革命时期大别山区军民奋勇拼搏的革命斗争历程中都已形成。新民主主义革命时期,大别山区军民在革命斗争过程中,始终能够做到甘于奉献,敢于牺牲;一心为民,军民团结;纪律严明、守纪如铁;实事求是,善于创新。这些行为习惯、革命品格和革命本色,作为我党我军的优良作风蕴含于大别山红色文化之中,是大别山区军民坚守革命斗争不断线的动力源泉。强军目标中的优良作风实际上是对包括大别山红色文化在内的我国红色文化基因中优良作风的延续和发展,两者相融相合,赓续不断,实为一体。

实际上,大别山红色文化是我国红色文化的重要源流,其所承载的红色基因早已融入我军的建设发展过程中,推动着我军在中国革命、建设、改革的伟大实践中不断发展壮大,其与实现新时代强军目标之间有着天然的密不可分的关联性,对于实现强军目标产生着巨大的功能效用。

第二节　大别山红色文化对建设强大军队的历史贡献

新民主主义革命时期,大别山地区军民在持续坚持军事斗争的连天烽火中,在党的领导下用鲜血和生命熔铸形成了内涵丰富、影响深远的大别山红色文化,而大别山红色文化在形成发展过程中又深深地浸注于广大官兵思想和灵魂,内化成他们的精神支柱和革命动力,外化于他们的革命行动,在大别山区革命斗争中起到了凝聚思想、塑造人格、锻造意志、锤炼作风、支撑信仰、团结军民的作用。在大别山红色文化的浸润洗礼中,在大别山区持续22年的武装斗争的熊熊烈火中,锻造出了一支支英勇善战、不胜不休的革命武装,造就了一大批意志坚定、作风顽强的优秀干部,创造出了丰富的建军经验和机动灵活的作战原则,这些对于新民主主义革命时期我军的成长壮大发挥了内潜式的巨大影响力。

[①] 习近平:《在十二届全国人大一次会议解放军代表团全体会议上的讲话》,新华社,2013年3月11日。

一、锻造出一支支英勇善战、不胜不休的革命武装

在大别山红色文化的浸润下,大别山区成为新型人民军队的主要诞生地之一。土地革命战争时期,在党的领导下,大别山区先后组建了中国工农革命军鄂东军、红七军、红十一军、红一军、红四军、红四方面军、红二十五军、红二十八军和游击部队等,在中国革命战争中,发挥着至关重要的作用。

1932 年,第四次反"围剿"失利后,红四方面军主力撤离大别山,打破敌人的围追堵截,经过长途跋涉,进入川北,先后打破国民党军的"三路围攻"和"六路围攻",最终组织建立了川陕革命根据地;1935 年 3 月,根据中央的指示,强渡嘉陵江,踏上了漫漫长征路;长征胜利会师后,红四方面军一部又进行了西征作战,经受了战争的严峻考验。1937 年全面抗战爆发后,8 月,红四方面军第四军、第三十一军和陕北红军第二十九军、第三十军和独立第 1 团、第 2 团、第 3 团、第 4 团及第 15 军团的骑兵团等部改编为八路军第 129 师,在抗战的烽火中不断发展壮大,成为解放战争时期千里跃进大别山、解放大西南的第二野战军,为夺取抗战胜利和解放战争的胜利做出了重大贡献。红四方面军主力撤离大别山后,鄂豫皖根据地重建的红二十五军,连续粉碎国民党重兵的"围剿""清剿",在大别山区继续坚持了两年多的武装斗争;1934 年 11 月,遵照中央指示,红二十五军开始长征,首先到达陕北,与陕北红军整编为红 15 军团,为迎接党中央和中央红军做出了重大贡献,后成为红一方面军的重要力量。1934 年红二十五军长征后,大别山区再次重建红二十八军,他们坚持了 3 年艰苦卓绝的游击战争,在残酷的战争中英勇转战于鄂豫皖边区 45 个县,越战越强,使革命的红旗在大别山区屹立不倒;全面抗战爆发后,红二十八军奉命改编为新四军第 4 支队,东进抗日,打响了新四军在华中抗战的第一枪。抗战时期,新四军第 5 师,坚持鄂豫边抗日斗争,使得我军在中原地区获得了一个重要的战略支点;抗战胜利后,以新四军第 5 师为主力,组建中原军区部队,在大别山区 10 个月的坚守中,拖住了国民党 30 余万精锐部队,为我党实施"向北发展,向南防御"战略方针、为策应其他战略区的防御作战做出了重大贡献;并于 1946 年 6 月底成功突围,保留了大量有生力量。

二、造就了一大批意志坚定、作风顽强的军事干部

在大别山红色文化的影响下,在坚持大别山区 22 年的武装斗争过程中,人民军队为新中国建设锻造和培育了大批军事干部,他们为中国革命的胜利、国防和军队建设事业做出了巨大贡献。这块红色的土地英雄辈出,成

了"将军的摇篮"。黄安、金寨、大悟、新县、六安、麻城等,都是闻名全国的"将军县"。

比如,湖北的红安,据不完全统计,参加红军的工农群众有6.5万余人,从这里走出了王建安、陈锡联、韩先楚、周纯全、郭天民、秦基伟等61位开国将军。其中,有8位被授予上将军衔,有10位被授予中将军衔,有43位被授予少将军衔,有12人次担任过大军区司令员或政治委员,有17人担任过各大军区和各军兵种的副司令员、副政治委员或顾问,有24位兵团级干部,130多位省军级干部。安徽金寨县是红军的故乡,从这里走出了洪学智、徐立清、皮定均、曾绍山、詹大南、林维先等59位开国将军,其中上将1名,中将8名,少将50名;全国1/5以上的开国将军和数千名高级领导干部同志在金寨参军、战斗和工作过。河南新县是鄂豫皖革命根据地首府所在地,也是著名的"将军县",这里走出了许世友、郑维山、吴先恩、张池明、范朝利、李德生等43位开国将军和50多位省部级干部,①涌现出了一大批如吴焕先、高敬亭等牺牲了的我军高级将领。

三、创造出丰富的建军经验和机动灵活的作战原则

在大别山红色文化的形成和发展过程中,在坚持大别山革命斗争的峥嵘岁月里,我军还创造出了丰富建军经验和机动灵活的作战原则,对于我军的成长壮大发挥了巨大作用。

(一)在建军方面,形成了内涵丰富的建设人民军队的经验

一是必须坚持正确的政治路线。大别山区我军的成长、发展、壮大离不开党的正确政治路线的指导。徐向前在总结大别山区第一次反"围剿"斗争胜利的经验时指出:"红军的壮大和根据地的发展,离不开正确的政治领导。鄂豫皖革命根据地第一次反'围剿'的胜利,也是特委根据中央六届三中全会的精神,积极纠正立三'左'倾错误的结果。停止冒险主义的进攻武汉的计划,取消根据地内军队和地方两个平等领导机关,恢复和建立特委和军委的统一领导,采取集中精锐击敌弱点和群众战争的战略战术打破敌'围剿',整编红一军和红十五军,充分发动群众配合红军作战,以及解散'集体农庄',按照人口与劳动力的标准重新分配土地,取消侵犯中农利益及破坏中小工商业的过'左'政策……根据地远离中央,独立性大,主要领导人的选择特别重要。"②

---

① 李国栋:《论鄂豫皖革命根据地的历史功绩》,《中国军事科学》2008年第6期。
② 徐向前:《徐向前回忆录》,解放军出版社2007年版,第98—99页。

二是必须坚持党对军队的绝对领导。1927年黄安、麻城两县农民自卫军在黄麻起义后改编为工农革命军鄂东军。鄂东军一经成立,就正式实行党代表制,以保证中国共产党对革命军队的绝对领导。1927年年底,鄂东军到达木兰山不久,根据上级指示改编为中国工农革命军第7军,组成了党的委员会,作为领导核心。1929年12月,时任中共鄂豫边特委委员、红军第31师师长的徐向前与戴克敏、曹学楷共同起草的《中共鄂豫边第一次代表大会关于军事问题决议案》中明确规定:"高级党委应规定全军全党的工作路线。……红军游击到各地时,其军事行动应由党委及各该地党部联席会议决定之。"①《中共鄂豫边第一次代表大会关于军事问题决议案》充分肯定了党对军队的绝对领导权,也对鄂豫皖根据地的创建发展和红军的发展壮大具有十分重要的意义。1929年年底,徐向前领导的红31师各级都建立了党的组织,实行党代表制,坚持了党对军队的领导。② 1931年3月,红一军建立时,各级党组织也健全起来,军有前委会,师、团有党委会,营、连有党支部,班、排有党小组。③ 此后,在大别山区坚持武装斗争的红四军、红四方面军、红二十五军、红二十八军、新四军第5师以及后来的中原军区部队、刘邓大军等,始终坚持党对军队的绝对领导,建立健全了各级党组织,健全完善了政治委员(党代表)制与政治工作制度。由于坚持了正确的建军思想,确立了党对军队的绝对领导,我军因此具有了精神力量的源泉,大大提高了部队的战斗力,保证了我军在大别山区的武装斗争持续22年而不曾中断。

三是必须发挥政治工作生命线的重要作用。为了广泛动员民众支援军队,为了充分发挥广大党员干部模范带头作用,鼓舞士气,为了瓦解敌军,开展了广泛深入的政治工作。以瓦解敌军为例,红军在军事打击的同时,运用通俗易懂的顺口溜对敌军展开政治攻势,如:"老乡老乡,不要打枪。本是穷人,理应反蒋;为蒋卖命,卖的哪桩! 上有父母,下有儿郎;一年到头,难见妻房。长官洋面,鱼肉鸡汤。你们糠菜,树皮啃光;更有兄弟,饿倒地上。飞机运粮,有啥指望! 红军包围,如同铁墙。我劝老乡,快快缴枪。放下武器,红军有赏;若不交枪,困饿死光。来当红军,前途明亮;若愿回家,发给大洋,路费盘缠,保你用场。"④类似这样的顺口溜,简单明了,一听就懂,宣传了红军

---

① 《鄂豫皖苏区历史简编》编写组:《鄂豫皖苏区历史简编》,湖北人民出版社1983年版,第58页。
② 徐向前:《徐向前回忆录》,解放军出版社2007年版,第64页。
③ 同上书,第82页。
④ 台运行:《大别山红军战歌》,安徽人民出版社2006年版,第104页。

优待俘虏的政策,打破了敌军官兵的心理防线,对取得战役战斗的胜利起到了极为重要的作用。

四是必须不断提升广大官兵的军政素养。初期强调军事训练,主要是进行队列训练,立正、稍息、出操,并进行瞄准射击、夜战、山地训练。要求人人学文化,能识字,能写标语、家信。后来办起了教导队,培训班、排、连长。"政治教育主要是围绕党的'六大'的十大纲领、党的决议和指示、红军的任务、革命的前途等问题进行,使每个士兵明了党的路线、政策,划清红军和白军的界限,为工农阶级的彻底解放而战。教育方式有干部队前讲话、集体上课、阅读通俗讲义、小组讨论等。"[①]通过严格的军事训练和思想政治教育,广大官兵思想觉悟得到了提升,部队的战斗力得以不断增强。

五是必须从严治军。徐向前在回忆大别山区革命斗争时强调,"分散的游击战争环境,尤其需要建立铁的纪律"。他说,起初大别山区红军"没有像'三大纪律八项注意'那样完整的规定和提法,但也有些条条和要求"[②]"打仗不听指挥,轻者批评,重者禁闭。打土豪所得的财物,都要归公"等,并狠抓了部队的作风纪律建设,"一次一个司务长贪了 20 元,在那样的艰苦环境中,钱来的十分不易,20 块银元不是个小数目"[③],被依纪枪毙。如前所述,随着部队的发展,经验的丰富,红军逐渐形成了十条纪律,保证了红军革命政治任务的完成,保证了上下一心,军民一致,不断发展壮大自己。

(二)在作战原则方面,形成了独具特色的战略战术

黄麻起义后,大别山区我军人数少,装备差,补给难,处于数十倍于己的敌人包围之中,"进剿""会剿""围剿"和"扫荡"是家常便饭,生存与发展成为摆在我军面前的严峻课题。在险恶的斗争环境中,广大官兵不畏强敌,积极发挥主观能动性,创新并发展了独具特色人民战争的战略战术。

一是紧紧依靠广大人民群众,开展人民战争。大别山区我军持续 22 年的武装斗争,没有人民群众的支持和参与,没有人民群众舍生忘死的支援、接济,我军就不能生存和发展,就无法打破敌人的"进剿""会剿""围剿"和"扫荡",就无法在大别山艰苦的环境中坚持下来。正如徐向前所总结的:"红军的力量在于民众之中。……(在党组织的领导下)男女老少,拿起扁担、矛子、大刀、土枪,四处击敌,弄得敌军风声鹤唳,草木皆兵,防不胜防。

[①][③] 徐向前:《徐向前回忆录》,解放军出版社 2007 年版,第 66 页。
[②] 同上书,第 65 页。

红军有了群众的支持,如鱼得水,任我驰骋,这是弱小的红军能够生存、发展,克敌制胜的根本原因。"①

二是形成了符合战争规律的战略战术。在大别山区武装斗争初期,我军就在游击作战过程中形成了"八会"和"十六字诀"的战术原则。后来徐向前、戴克敏、曹学楷等人又根据大别山区武装斗争的实践经验,吸收借鉴"朱毛红军"的游击作战原则,形成了适合大别山区游击作战的原则。徐向前说,实践出真知,敌强我弱,形势逼人,我们仅那么点人,几百条枪,四周都是敌人,凶得很,整天要消灭你,逼得很紧,弱小的红军要生存下去,得解决在强敌面前如何保存自己、消灭敌人的问题,攻击和防御的战术原则问题,红军要生存、要发展,必须适应环境。打来打去逐渐就有了经验,找到了规律性的东西。"关键是避实击虚,避强击弱,消灭敌人,保存自己。打也好,跑也好,进也好,退也好,集中作战也好,分散游击也好,都离不开这一点。"②大别山区我军形成的机动灵活的战略战术,体现了大别山区我军游击作战的规律,后来随着我军的发展壮大,战争规模的扩大,在此基础上又逐渐形成了一套运动战的作战原则,保证了根据地军民在之后的战争中不断取得阶段性的胜利。

上述在烽火连天的军事斗争过程中创造出的建军和作战经验,是大别山红色文化不可分割的重要组成部分,丰富了我军建军和作战思想。作为这些经验的积累者和见证者,从大别山走出的广大官兵将此贯穿到人民军队建军和作战的全过程,这些经验对于人民军队的成长发展和壮大产生了巨大推动作用。

第三节 大别山红色文化对建设强大军队的现实意义

大别山红色文化作为我国红色文化的重要源流,在我军成长壮大的过程中发挥了重要作用,有其重要历史价值。大别山红色文化作为一种先进的文化,由于本身所具有的种种特点,以及与新时代实现强军目标内在的一致性,使其具有穿越时空的现实价值。在实现党在新时代的强军目标的当下,弘扬大别山红色文化能够起到铸魂育人、励志提气和强基固本的作用,

---

① 徐向前:《徐向前回忆录》,解放军出版社 2007 年版,第 63—64 页。
② 同上书,第 62 页。

能够为建设强大的人民军队、激发广大官兵积极献身强军、兴军的伟大实践提供坚强有力的精神支撑。

一、弘扬大别山红色文化,有利于广大官兵坚定崇高的理想和信念

理想信念是世界观、人生观、价值观在奋斗目标上的集中体现。有了崇高的理想和坚定的信念,认识就会变得深刻而牢固,情感就会更加炽烈而积极,就会使人产生巨大的精神力量。在激励人们前行的精神力量中,最深入且持久的就是理想信念的力量、价值追求的力量。所以,理想信念不是虚幻的,崇高的理想和坚定的信念是确保人生不迷航的灯塔,它可以让人甘心为之冲锋陷阵,敢于为之流血牺牲。习近平同志曾形象地指出:"理想信念是共产党人精神上的'钙',没有理想信念,理想信念不坚定,精神上就会'缺钙',就会得'软骨病'。现实生活中,一些党员、干部出这样那样的问题,说到底是信仰迷茫、精神迷失。"①邓小平同志曾经也说过:"为什么我们过去能在非常困难的情况下奋斗出来,战胜千难万险使革命胜利呢？就是因为我们有理想,有马克思主义信念,有共产主义信念。"②"我们多年奋斗就是为了共产主义,我们的信念理想就是要搞共产主义。在我们最困难的时期,共产主义的理想是我们的精神支柱,多少人牺牲就是为了实现这个理想。"③实践证明,广大官兵具有了崇高的理想和坚定的信念,有了对马克思主义的信仰,有了对共产主义远大理想和中国特色社会主义的共同理想及信念。就有了"精神之钙",就有了"精神家园"。

当前,我国的改革发展正处在关键阶段,社会矛盾错综复杂,西方敌对势力亡我之心不死,千方百计地利用我们现实生活中的矛盾和问题兴风作浪,始终把军队作为其对我国实施西化、分化的重要目标,企图以西方的政治模式和价值观念来影响和改造我们。在此情势下,如果广大官兵没有崇高的理想和坚定的信念,放松了世界观的改造,革命的意志就会衰退,价值观念就会模糊错位,就无法自觉抵制西方国家对我们实施的西化、分化的罪恶图谋,在敌人的进攻面前就会自毁长城,从而丧失战斗力。所以,在改革强军的征程中,必须时刻警醒广大官兵坚定理想信念。一旦我们丢失了理想,弱化了信念,就会失去前进的动力,军队就会散作一盘散沙,不堪一击,后果不堪设想。

---

① 习近平:《理想信念是共产党人精神上的"钙"》,新华网,2014年3月17日。
② 《邓小平文选》第三卷,人民出版社1993年版,第110页。
③ 同上书,第137页。

因此,要实现新时代的强军目标,要铸牢军魂意识,要做到能打胜仗,就必须强化广大官兵的理想信念。要时时刻刻通过多种方式方法教育广大官兵,对崇高理想矢志不渝,牢固树立崇高理想和坚定信念,做到任何时候、任何情况下都坚持理想信念不动摇、革命意志不涣散、奋斗精神不懈怠,满怀信心地投身到改革强军的伟大事业之中。而大别山红色文化可以给强化广大官兵的理想信念提供丰富的教育资源。大别山红色文化的产生和发展过程,承载着我党我军波澜壮阔的革命史、浴血拼搏的战斗史、可歌可泣的英雄史。对大别山红色文化的认同,就是对理想信念的认同。大别山红色文化所承载的历史,无不折射着革命先辈崇高的价值追求,对帮助广大官兵树立远大理想、找准人生价值定位,具有导向引领和激励感召的作用。所以,在红色资源极为丰富的大别山区,每一处革命遗迹、每一段光辉历程、每一位英雄的事迹,都是当下广大官兵端正价值追求的精神富矿。以大别山红色文化为载体进行思想政治教育,对坚定理想信念具有很强的说服力和感染力,会让其所承载的理想信念的鲜活基因融入广大官兵的青春血液,使他们认清历史责任,树立远大目标,自觉主动地投身新时代兴军强军伟大实践中,为实现强军梦、建成世界一流军队做出应有的贡献。

二、弘扬大别山红色文化,有利于锻造广大官兵忠诚于党、听党指挥的政治品格

忠诚于党、听党指挥是强军之魂,决定军队建设的政治方向。我军是党领导下的人民军队,必须绝对听从党的指挥,忠诚于党、听党指挥是我军广大官兵必备的政治品格。对党忠诚是指对党的政治忠诚,是在对政党性质、宗旨、地位、历史使命以及党的纲领、路线和方针政策理性认识的基础上,形成的对党的事业稳定的情感态度以及持久的责任行为。[①] 这种稳定的情感态度以及持久的责任行为必须是绝对的忠诚,是不容打任何折扣的,正如习主席所说,我军是拿枪杆子的,对党忠诚必须是唯一的、彻底的、无条件的、不掺任何杂质的、没有任何水分的忠诚。必须始终做到绝对忠诚、绝对纯洁、绝对可靠,做到铁心向党不动如山。

就现实情况而言,西方敌对势力一直不断加紧对我军进行"西化""分化",大肆鼓吹所谓"军队非党化、非政治化"和"军队国家化"。一位资深的美国学者曾赤裸裸地说:"美国应利用自己庞大的软力量工具,把观念、意识

---

① 王洁:《党员忠诚意识的坚守与强化——来自苏共的启示》,《中共浙江省委党校学报》2015年第6期。

形态、文化、经济模式和社会政治制度投射出去,以影响中国军队的思想和政治,进而影响他们的发展方向。"①矛头直指我军。他所讲的影响我军的发展方向,实际上就是所谓的"军队非党化、非政治化"和"军队国家化",要害就是要"化"掉党对军队的绝对领导。如果不加应对,任其图谋得逞,人民军队离开中国共产党领导之际,也就是敌对势力控制军队、夺取国家政权之时,东欧剧变、苏联解体殷鉴未远,我们应该以史为鉴,加以警惕。与此同时,在新的历史时期,我军少数官兵不同程度地受到西方文化的影响,思想上也出现了不坚定、不清晰的倾向。正如习主席所说:"一些年轻同志缺乏对马克思主义的系统学习,缺乏对党的优良传统的深入了解,缺乏艰苦环境和复杂斗争的锻炼,对党指挥枪的极端重要性往往认识不足、认识不透。"必须要加强教育,他说,坚定不移听党话、跟党走。"这是我军的军魂和命根子,永远不能变,永远不能丢。"炼钢先淬火,强军先铸魂。实现强军目标,最核心、最首要的就是要培养听党话、跟党走的合格人才,确保枪杆子永远掌握在忠诚可靠的人手里,确保党和军队的事业继往开来、薪火相传。

　　忠诚于党、听党指挥是大别山红色文化之魂。民主革命时期,大别山区广大军民在28年的奋斗历程中,虽历经磨难,却始终做到对党绝对忠诚、听党指挥,像钉子一样牢牢扎在大别山区,谱写了可歌可泣的华丽篇章。正是因为大别山区军民对党绝对忠诚,才凝聚起战无不胜的强大力量,推动中国革命由胜利走向胜利。以大别山红色文化对广大官兵实施铸魂教育,可以使广大官兵进一步认清我们这支部队艰难奋战而不溃散,在战争年代没有被任何敌人压垮,没有被各种错误思潮和腐朽文化冲垮,没有被别有用心的人搞垮,就是因为军旗永随党旗飘,军队永听党的话。通过大别山红色文化的铸魂教育,可以帮助广大官兵进一步认清当前社会大变革、文化大交融、思想大碰撞的复杂形势,认清当前铸魂与蛀魂、固根与毁根的较量愈演愈烈的严峻形势,坚决向"政治转基因"亮剑,坚决抵制"军队非党化、非政治化"和"军队国家化"等错误政治观点,进一步认清听党指挥是我军永远不变的军魂,打牢听党指挥的思想根基,自觉地在强军实践中着力强化政治意识、大局意识、核心意识、看齐意识,坚定对习主席思想上的跟随、政治上的追随、情感上的拥戴,坚决贯彻落实好军委主席负责制,严格遵守政治纪律和政治规矩,任何时候、任何情况下都坚决听从党中央、中央军委和习主席指挥。

---

①　转引自李建昌、姚学满:《信息化条件下坚定官兵理想信念的对策研究》,《政工研究文摘》2006年第3期。

三、弘扬大别山红色文化,有利于锤炼广大官兵敢打善战、不胜不休的血性胆魄

习近平指出:"军队是一个战斗队,是为打仗而存在的。"同时强调:"当兵就要打仗嘛!这就像工人要做工、农民要种田一样,打仗和准备打仗是军人的天职。"军队因战争而诞生,为打仗而存在,打仗始终是军队的根本职能,打仗打不赢,一切等于零,能打仗、打胜仗是人民军队的强军之要,是强军目标的核心要素。而要做到能打胜仗,就必须要锤炼广大官兵敢打善战、不胜不休的血性胆魄和战斗精神。

著名军事理论家克劳塞维茨认为:精神力量是战争中最重要问题之一,它们构成使整个战争中具有生气的主力。[①] 毛泽东同志曾将我军战斗精神概括为"一不怕苦,二不怕死",他强调指出:我军"具有一往无前的精神,它要压倒一切敌人,而决不被敌人所屈服。不论在任何艰难困苦的场合,只要还有一个人,这个人就要继续战斗下去"[②]。进入新时代,习主席强调:"无论什么时候,一不怕苦、二不怕死的战斗精神千万不能丢。在党、国家、人民需要的时候,军队就要有这股劲、这种精神。"且"决不能把兵带娇气了",革命军人还得要有血性。

俗话说,文无第一,武无第二,我军素以能征善战著称于世,历来具有一不怕苦、二不怕死的战斗精神。但能打仗的能力标准是随着战争实践发展而不断变化的,以前能打胜仗不等于现在能打胜仗,我们必须看到,长期的和平环境,容易使官兵产生松懈麻痹思想,容易淡化战备观念,弱化战斗精神。思想的锈蚀比枪炮的锈蚀更可怕,当前,当"和平兵"、做"和平官"、干"和平事"的消极思想在一些官兵的头脑中还没有完全消除,"骄气、娇气"二气在一些官兵身上表现得比较严重,一些官兵危机意识淡薄,思想和精神懈怠,以不打仗的心态做打仗的准备,"二八现象"还比较严重,而现代战争对战斗精神却又提出了新的更高的要求。当前,世界新军事革命加速推进,信息化战争使军事领域的战斗形式发生了深刻变化,但是战争的本质属性并没有改变,它依然是政治主导下的一种暴力行为。并且,由于信息化武器装备具有精度高、速度快、杀伤力大等特点,其"硬杀伤"和"软杀伤"都更为残酷,再加上高强度的心理战贯穿战争全过程,使参战人员的认知过程受到严重冲击,因此,信息化战争更加"暴力化"和"流血化"。如果部队缺乏昂

---

① 〔德〕克劳塞维茨:《克劳塞维茨:战争论》,李哲译,中国画报出版社2013年版,第71页。
② 《毛泽东选集》第三卷,人民出版社1991年版,第1039页。

扬向上的精神状态，缺失了敢打善战的战斗精神，就会造成部队成员疏忽大意、犹豫不决、信心丧失、斗志衰退等现象，进而造成军心涣散，官兵战斗意志被瓦解，直至丧失战斗力。还应看到，当前我军的现代化建设虽然取得了很大成就，武器装备也有了质的跃升，但与世界强敌相比还存在着较大差距，要打赢战争，就必须强化战斗精神培育，以我之长击敌之短，钢多了，气要更足，骨头要更硬。

所以，新时代实现强军目标，我们必须要着力锤炼广大官兵敢打善战、不胜不休的血性胆魄和战斗精神，以培育昂扬向上的战斗精神为目标，通过各种行之有效的方式途径，模拟各种艰苦复杂环境，从难、从严、从实战出发进行军事训练，让官兵在各种艰苦环境中磨炼，在执行急难险重的任务中摔打，进而不断升华战斗精神，提升能力素质，为实现强军目标注入强大力量。与此同时，通过各种方式强化大别山红色文化的宣传教育，也是锤炼革命军人雄风锐气的重要途径。在新民主主义革命时期开创和坚持大别山革命斗争的历程中，人民军队之所以能在面对强敌的情况下，始终坚持大别山区的斗争，使大别山红旗不倒，一个重要的原因就是我军官兵具有闻战则喜、敢于亮剑、善于斗争的战斗精神和战斗本领。

通过大别山红色文化的宣传教育，可以助益广大官兵进一步牢固树立当兵打仗、练兵打仗、带兵打仗的强烈战斗意识，真正做到在严峻考验面前不迷失、在艰难险阻面前不退缩、在强大敌手面前不畏惧，始终保持能打仗、打胜仗的决心和信心，不断强化官兵对军人血性的认同，练成英勇战斗、冲锋陷阵的血性虎气。

通过大别山红色文化的宣传教育，可以强化广大官兵的忧患意识，进一步从地位作用看担当，从风云变幻看使命，从能力素质找差距，以时不我待的紧迫感，以舍我其谁、战之必胜的豪迈气概，问题倒逼、拉单列条、争分夺秒地破解战斗力提升面临的矛盾问题，使官兵在思危思战中强信心、燃激情，做到脑子里永远有敌人，眼睛里永远有任务，肩膀上永远有责任，胸膛里永远有激情。进一步明确只有"备战、能战、敢战"才能"不战、止战"或战而胜之的道理，彻底抛弃当"和平兵"、做"和平官"、干"和平事"的错误思想，以只争朝夕、枕戈待旦的报国的热情投入伟大的时代强军实践中。

通过大别山红色文化的宣传教育，广大官兵学习军事理论的热情还可以进一步得以激发。大别山区我军之所以能够持续坚持武装斗争不断线，除了有敢打的决心、求胜的意志外，还因为他们有在实践中形成发展起来的一整套战略战术原则和方法，他们非常善战，有打赢的本领。

通过大别山红色文化的宣传教育,广大官兵可进一步认识到,在当今的时代条件下,要打胜仗必须认真学习和贯彻好习近平强军思想,充分运用好国防和军队建设的经验,学习运用好信息化战争相关的军事理论、军事技术、军事组织、军事管理等知识,更新军事思维方式和思想观念,研究解决我军建设中存在的突出矛盾和薄弱环节,不断提升打赢本领,为强军兴军注入强大力量。

四、弘扬大别山红色文化,有利于强化广大官兵全心全意、一心为民的宗旨意识

一心为民、军民团结是大别山红色文化的力量源泉。新民主主义革命时期,我军坚持大别山区的革命斗争得到了广大人民群众的广泛支持,人民群众是大别山区我军生存的命脉、发展的根基、行动的靠山、力量的源泉。正是因为人民军队始终和老百姓站在一起,全心全意为人民服务,大别山区的斗争能始终立于不败之地。正如毛泽东指出的:"军队须和民众打成一片,使军队在民众眼睛中看成是自己的军队,这个军队便无敌于天下。"[①]

兵民是胜利之本。在实施强军兴军、进行信息化战争的时代背景下,军民界限更加模糊,传统的前方、后方的区别趋于淡化甚至不复存在。与此同时,信息化战争保障的新特点对保障提出了更高的要求,军事力量再强的国家,仅仅依靠国防经济都难以达到保障的要求,必须突破国防经济的范围,极大地调动地方经济的参与,形成人民战争效应,才能更好地做到全面、稳定和及时的保障。军队打胜仗,人民是靠山。人民军队的根脉,深扎在人民的深厚大地;人民战争的伟力,来源于人民的伟大力量。[②] 所以习主席强调,我们要时刻把人民放在心中,我们要与人民心心相印、与人民同甘共苦、与人民团结奋斗,军队要带头牢记和落实这个要求。把这根"接力棒"接过来、传下去,做到无论何时何地在任何情况下,都不背离我军的宗旨。党在新时代的强军目标实现的过程中,通过传承弘扬大别山红色文化,广大官兵全心全意为人民服务的宗旨意识可以进一步得以强化,自觉坚持群众路线,团结一切可以团结的力量,将强军事业变成最广大人民群众的共同事业,让各个阶层、各个民族、各个领域的人民群众都能自觉投入军队现代化建设中来,积极探索军民深度融合、寓军于民的新途径、新方法,全面推进经济、科

---

① 《毛泽东选集》第二卷,人民出版社 1991 年版,第 512 页。
② 习近平:《习近平谈治国理政》第二卷,外文出版社 2017 年版,第 418 页。

学、教育、人才等方面的融合，从国家经济社会发展中获取实现强军目标的丰厚资源和强大支撑。

五、弘扬大别山红色文化，有利于提升广大官兵顾全大局、无私奉献的高尚情操

毛泽东同志在《中国革命战争的战略问题》一文中说，局部性的东西是隶属于全局性的东西的。只有懂得了全局性的东西，才更会使用局部性的东西。① 因此，下级同志一定要很好地研究、熟知上级同志的意图、部署，熟知自己这个局部或部分在整个宏观决策中的地位和作用，并做到顾全大局、服从大局，这样才能做出与上级同志宏观决策之全局相适应的局部或部门决策，才能在走好一招一式的基础上，赢得全面的胜利。始终以大局为重，个人利益、局部利益坚决服从全局利益。而要做到这一点，就必须要有为了革命胜利、为了战争胜利而顾全大局的甘于奉献、敢于牺牲的高尚情操。

大别山红色文化中蕴含和承载着我军的红色基因。在新民主主义革命时期大别山区的革命斗争中，我军官兵和大别山区人民时刻拧成一股绳、紧密团结在一起，一心一意为革命，舍生忘死，不论地位高低，不计个人得失。在长期的革命斗争中，大别山区我军还形成了"'一要三不要'——要革命，不要钱、不要家、不要命，'一图两不图'——图贡献，不图名、不图利"的革命精神，成为我军的鲜明特色和政治优势，是一种值得当代革命军人学习的高尚情操。

在当前的军队思想政治教育中，充分运用大别山红色文化中的宝贵资源，宣扬甘于奉献、敢于牺牲的精神，可以使广大官兵受到无穷的精神激励，有利于培养他们的大局观，有利于广大官兵将这种红色基因内化为价值观，贯穿于自身的一切行动，始终自觉做到将党和人民的利益、国家的利益、军队的利益置于首位，始终自觉做到一切听从党安排，甘当强军兴军的"垫脚石""铺路砖""急先锋"，以个人利益服从党和人民的需要，以局部利益服从整体利益，宁愿牺牲奉献个人的一切乃至生命，宁愿局部承受最大的牺牲，做到"为有牺牲多壮志，敢教日月换新天"，为实现中国梦、强军梦贡献自身最大的力量。

六、弘扬大别山红色文化，有利于巩固和强化广大官兵铁律意识、培养和塑造排难创新的进取品性

没有规矩，不成方圆。对于军队而言，严明的纪律是凝聚军心、实现

---

① 《毛泽东选集》第一卷，人民出版社1991年版，第175页。

强军的重要保证。习近平主席强调指出："从严治军是建设强大军队的铁律。古语说得好，慈不掌兵。稀稀拉拉，松松垮垮，就不成其为军队，就打不了仗，更不可能打胜仗。"要求全军"必须下大气力整肃军纪，培养官兵自觉而又严格的组织纪律观念，认真解决管理松懈、作风松散、纪律松弛问题"。习主席的重要指示，体现了党和国家对我军建设规律的深刻把握。

纵览新民主主义革命时期大别山地区武装斗争历史，我们不难发现，正是由于我军有着一整套严明的纪律，凝聚了内部，团结了人民，形成了高度集中统一、团结一致的战斗集体；靠着严格的纪律，把战斗力诸要素凝结在一起，形成了整体和持久的力量；靠着严格的纪律，保证了一切战斗、战役意图按计划实现，使得我军无论遇到多么凶恶的敌人、多么险恶的环境，都能从容应对，保证一声令下，开得动，合得拢，攻必克，守必固，从而能使革命斗争长期坚持、令敌胆寒。

军队越是现代化，越要法治化，越需要铁一般的纪律。新时期传承弘扬大别山红色文化，可以强化广大官兵的纪律观念，进一步认清严守纪律与实现强军的内在关联，自觉遵从条令条例，坚持从小事做起、从自身做起、从现在做起，在一人一事、一点一滴中厉行法治，把新民主主义革命时期大别山区我军守纪如铁的优良传统拓展固化为"守纪如铁、守法如山"自觉行动，有效履行职责使命，真正做到"加强纪律性，革命无不胜"。

创新是国家和军队进步发展的灵魂，也是大别山红色文化的内驱动力。当前，随着战争形态向信息化、智能化加速转变和我国改革开放的进一步深化，我军建设和发展进入关键时期，面临着许多重大的理论和实践问题，没有现成的模式和经验可供借鉴。这就要求广大官兵要做到理论联系实际、求真务实，反对脱离实际、照搬照抄，严格按照客观规律和科学态度办事。与此同时，又迫切需要广大官兵以改革的精神和创新的方法进行探索，在改革中求突破，在创新中谋发展，着力推动军事理论、军事技术、军事组织体制和军事管理创新，盯住"实战"强化信息化战争的战法创新。因此，大别山红色文化中所蕴含的排难创新的精神在今天的军队建设中显得尤为重要。充分运用大别山红色文化中所蕴含排难创新的宝贵资源，有利于培养广大官兵敢于超越、不断突破的进取意识；有利于他们形成战略思维能力和运筹帷幄、指挥作战和建强军队的能力；有利于他们排除万难，在艰难困苦的环境中，时刻保持清醒理性头脑，探寻出打胜仗、建强军的良方；有利于广大官兵在排难创新中提升自身各方面的能力素质，从开拓处入手，在关键处用力，实现一次又一次的蜕变，历练为能打仗、打胜仗的精兵劲旅。

总之,大别山红色文化对建设强大军队具有重要的现实意义,我们应该要倍加珍惜,在实现党在新时代的强军目标的伟大历史进程中主动传承弘扬好大别山红色文化,使其发挥出应有的作用,体现出应有的价值。

第三章　实现大别山红色文化强军价值的基本原则

大别山红色文化作为我国红色文化的重要组成部分,是延续人民军队精神血脉的"生命线",是承载人民军队思想灵魂的"母亲河",与实现强军内在一致、联系紧密,传承弘扬大别山红色文化意义重大而深远。当前,价值观念多元多样多变、思想文化交流交锋交融、意识形态领域斗争激烈激荡激变,铸魂与蛀魂、固根与毁根的较量一刻也没有停歇,而且这种较量将会是长期的、艰巨的、复杂的。军心靠军魂凝聚,行动靠思想引领。站在新时代,积极有效地弘扬大别山红色文化,扭住强固精神支柱、对党绝对忠诚这个根本,突出固根铸魂,聚力奋战打仗,强化问题导向,注重融入实践,推动大别山红色文化融入官兵血脉,可以更好地激励广大官兵铭记我军光荣历史、不忘初心、牢记使命、不懈奋斗,确保我军血脉永续、根基永固、优势永存。

而要最大限度地传承弘扬好大别山红色文化,实现其强军价值,恪守正确的原则是不可或缺的。所谓原则,是指导人们改造主观世界和客观世界的法则和准绳,它是从自然界和人类历史中抽象出来的,是人们对客观事物规律的准确把握。要充分利用好大别山红色文化这一丰厚独特资源,就一定要遵循红色文化传承的特点规律,以正确的原则为准绳,稳步推进,持久用力,才能更好地为推进新时代强军事业提供持续不断的政治滋养和强大动力。

第一节　把握系统性原则

大别山红色文化强军价值的实现,在实践中会涉及不同的范畴、不同的层次、不同的方面,需要我们把握系统性原则。所谓系统是指一个事物的相互联系、相互作用的各个构成部分或要素,按一定方式组成的具备特定功能的统一体。系统具有整体性、关联性、等级结构性、动态平衡性和时序性等基本特征。系统虽由各要素构成,但其功能和属性并非构成系统整体的各个部分的功能和属性的简单相加。系统一旦形成,它就具备了自己新的功能和特性,远超各要素相应功能和特性的简单相加之和,也会优于各要素相关功能和特性简单相加之和。正如系统论创始人贝塔朗菲指出,亚里士多德的"整体大于它的各部分总和"的论点,至今仍然是基本的系统问题的一种表述。①

大别山红色文化强军价值的实现实际上本身就是一个复杂、动态、开放的系统工程。它是由教育主体(教育组织者、实施者)运用大别山红色文化资源,对受教育者(广大官兵)进行红色文化传承,受教育者在教育者有目的、有计划、有组织的教育引导下,将红色文化基因内化于心、外化于行,最终取得教育者所期望的教育效果的过程。所以,有效传承弘扬大别山红色文化,实现其强军价值,需要把握系统性原则,在传承弘扬过程中自觉将大别山红色文化资源、教育主体、教育客体、教育过程、教育环境等诸多要素进行合理整合以形成一个系统,努力使系统中各要素在方向上保持一致性、在关系上保持协调性,使各要素协同作用,同频共振,形成合力,达成弘扬的最佳效益,有效实现大别山红色文化的强军价值。

由于从结构上看,大别山红色文化强军价值实现系统包括三个主要的子系统(要素):大别山红色文化强军价值实现的资源系统(大别山红色文化资源)、大别山红色文化强军价值实现的教育过程系统(从教育主体实施教育到教育客体接受教育的全过程)、大别山红色文化强军价值实现的环境系统(影响大别山红色文化强军价值实现的各种环境因素总和),所以在实现大别山红色文化强军价值的过程中,把握和贯彻系统性原则,就是要整合好大别山红色文化强军价值实现的资源系统、优化大别山红色文化强军价值实现的教育过程系统、改善大别山红色文化强军价值实现的环境系统,以利于各要素协同作用于既定的目标。

一、整合资源系统

大别山红色文化资源是实现大别山红色文化强军价值的重要载体和媒介,是把教育主体与教育客体(广大官兵)联系在一起的极为重要的桥梁和纽带,是大别山红色文化强军价值实现系统中一个非常重要的基础要件。

---

① 〔美〕冯·贝塔朗菲:《一般系统论:基础、发展和应用》,林康义、魏宏森等译,清华大学出版社 1987 年版,第 51 页。

从现状上看,大别山红色文化资源内容丰富、形式多样,分布广泛且较为分散。就资源类型而言,大别山红色文化资源涵盖了以具体可见的大别山区的革命遗迹、旧址、故居、器物、纪念碑、纪念馆、纪念堂等为代表的大别山物质类红色文化,以民主革命时期制定的法律法规、纲领政策、决定命令等,以及与大别山区革命斗争相关的文献、标语、语音、图像、照片、歌曲等为代表的大别山信息类红色文化,以大别山区革命斗争过程中形成的思想理论、观念观点、精神意志、理想信念、伦理道德、情感情操、价值观念等为代表的精神类红色文化等。按照目前的行政区域划分看,地跨鄂、豫、皖三省的大别山区,包括安徽省的六安、金寨、霍山、霍邱、寿县、舒城、岳西、潜山、太湖、宿松、望江、桐城、怀宁、枞阳,湖北省的红安、麻城、大悟、罗田、英山、团风、浠水、蕲春、黄梅、武穴,河南省的信阳、新县、商城、光山、固始、潢川、罗山、息县、淮滨等36个市县。大别山红色文化资源广泛地散布于这些市县,呈分散状态。但从总体上看,大别山红色文化资源,无论是形式还是内容,无论是物质、信息还是精神层面,都是一个不可分割、联系紧密、相互倾注的统一整体。大别山红色文化资源的整体性特点,决定了在实现其强军价值的过程中,要求我们要把它作为一个系统来进行优化。具体说来,就是要依据大别山红色文化资源不同的功能特质和地理分布,按照广大官兵的个性特点、思维习惯、接受消化的能力及他们的兴趣爱好,对其进行深入的挖掘和相应的整合,并进行创造性的归纳提炼,构筑成一个内涵丰富、结构立体的大别山红色文化强军价值实现的资源系统。

(一)整合大别山红色文化资源的空间布局

国内许多地区如井冈山、延安、韶山等地,红色文化资源分布集中,利用起来十分便捷。与此不同的是,由于民主革命时期,我党我军在大别山区革命斗争持续时间长,活动范围广,除湖北红安、安徽金寨、河南新县三个中心活动区域外,我党我军还将革命斗争活动延伸扩展至大别山外围地区,留存下的大量红色文化资源散布于鄂、豫、皖三省六市,数量众多、分布广泛。湖北的红安、麻城、大悟,安徽的金寨、岳西、六安,河南的新县、商城、信阳等市县革命遗址、遗存、纪念场馆相对集中,但从整体上看又是相对分散。除这些地区外,大别山区几乎每一个乡镇都散落有或多或少的革命遗址遗存,整个大别山地区仅红色文化遗存就多达上千处。"全国重点革命烈士纪念建筑物保护单位""全国爱国主义教育基地""全国爱国主义教育示范基地""全国青少年爱国主义教育基地"随处可见,省级和县级爱国主义教育基地也比比皆是。大别山红色文化资源分布广泛,这一方面为我们充分利用红色文化资源、实现强军价值提供了良好的基础条件,但另一方面由于大别山红色文化资源分布多而杂、散而乱,又使其处于不易发挥整体合力的现实窘境。因此,大别山区三省六市、军地双方必须通力合作,破除限制资源发挥整体效用的条条框框和利益藩篱,在空间布局上对大别山地区的红色文化资源进行统筹规划、合理利用,同时还可以通过现代网络技术和三维影像制作技术,把散落分布的红色资源,由点连成线,形成面,聚为体,使之在虚拟空间布局上得到优化配置,以跨时空聚合的方式达到整体利用大别山红色文化资源的目的。

(二)整合大别山红色文化资源的内容体系

作为革命老区,大别山区的革命斗争持续28年,武装斗争持续22年,先后经历了中国共产党建党时期、大革命时期、土地革命战争时期、抗日战争时期、解放战争时期。大革命失败后,在中国革命处于低潮的危局之时,黄麻起义打响了大别山地区武装反抗国民党反动派的第一枪,在党的领导下,革命斗争的星星之火很快在整个大别山区燃成燎原之势。抗日战争时期,大别山抗日根据地军民顽强抗击日本帝国主义的侵略。解放战争时期,中原突围和千里挺进大别山在中国革命史上写下厚重的一页,随着三大战役的胜利结束,大别山又成为百万雄师过大江的"跳板"。可以说在我国新民主主义革命的各个不同时期,大别山地区军民为中国共产党的发展壮大、为人民军队的成长壮大、为中华人民共和国的诞生,做出了卓越的贡献。在此过程中,不同历史阶段形成的大别山红色文化资源既相互联系又各具品格,构成一个前后衔接、方向一致、相互补充的有机整体。所以,对于大别山红色文化资源的整合,在内容体系方面,可以以历史为主线,将大别山地区新民主主义革命全过程中不同时期、不同阶段留下的红色文化资源,以时间、地域、革命斗争轨迹、革命斗争故事、革命前辈英雄事迹等为线索,把反映相关强军教育方面内容的大别山红色文化资源在一定时间和空间上集聚起来,这样就可以避免大别山红色文化资源的条块分割,避免人们对大别山红色文化资源片面的了解和断章取义的利用,使大别山红色文化资源教育内容的体系更完整,内容细节更充实、更完善、更深刻、更可信。

(三)整合大别山红色文化资源的运用机制

大别山红色文化资源类型多样。物质类红色文化资源和偏于物质的部分信息类红色文化资源,形象、直观、生动,精神类红色文化资源和偏于精神的信息类红色文化资源,则较为抽象。但是,各种类型的大别山红色文化资源,又都不是孤立的存在,物质、信息、精神类红色文化总是融于一体而无法完全分割,在红色文化的传承弘扬过程中,它们总是作为一个整体而发挥其感染人、熏陶人、激励人的功效。正因如此,要实现大别山红色文化资源的强军价值,需要结合特定的具体的教育目的、不同层次教育对象、不同形态文化要素的特点,正确处置和合理安排各类型文化要素,使其互相补充,互相促进,整体联动,形成合力。具体而言,在运用大别山红色文化资源实现强军教育时,必须既要注重物质形态的大别山红色文化资源的搜集、整理和整合,又要重视非物质形态的大别山红色文化资源的梳理、研究和挖掘,既要见物、见景、见情节,又要见人、见思想、见精神。通过系统整合,更好地发挥大别山红色文化资源的强军价值。

此外,围绕大别山红色文化强军价值的实现,还应以更为广阔的视界,整合大别山红色文化资源和其他红色文化资源。大别山红色文化资源是一种优质的强军教育资源,但由于广大官兵的思想政治品德结构和成分性质的复杂性、多样性,仅凭大别山红色文化资源不可能单独完成强军教育的所有任务。因此,在运用大别山红色文化资源开展强军教育时,还应辅以其他红色文化资源,发挥这些红色文化资源的协同作用。井冈山红色文化、苏区红色文化、延安红色文化、沂蒙红色文化等,内容丰富,体系完备,与大别山红色文化一样有着重大的强军价值。我们在运用大别山红色文化资源时,应注重揭示大别山红色文化资源与其他红色文化资源形态之间的内在关联,以整体观念来整合利用红色资源,促进资源之间的优势互补、有序互动和良性循环,这也是非常重要的一环。

二、优化教育过程

大别山红色文化强军价值实现的教育过程,既是教育主体围绕党在新时代强军目标,按照培育"四有"新时代革命军人和打造"四铁"部队的要求,遵照广大官兵思想形成和变化规律,通过一定方式向其施加教育影响的过程,也是广大官兵选择、理解和接受教育影响,将其内化于心、外化于行的过程。事实上,教育主体对大别山红色文化强军教育的组织实施是从外部输入,能否"入脑入心",最终取决于广大官兵对教育的认可,因此要把教育主体的主动作为与广大官兵的主动接受统合起来,优化教育过程,这样才能达成强军目标。

(一)提升教育主体的施教成效

大别山红色文化强军价值实现的教育过程,是教育主体主动组织、筹划和实施教育活动的过程。从大别山红色文化强军教育的主体来看,主要包括军队的相关职能部门、机构和人员。但是军队不是生活在真空中的,它是整个社会大系统中的一个子系统,与军营外的联系盘根错节,军队实施大别山红色文化强军教育还应以社会为依托,把空间拓展到社会的大环境之中,与大别山区地方红色文化机构和人员建立密切的联动关系,建立起军队和地方大别山红色文化研究专家学者宣传者等的数据库,共同介入大别山红色文化强军价值实现的教育过程。作为教育主体的军队相关职能部门、机构和军民结合的高素质教育人员队伍,应共同施力强化教育过程,充分调动广大官兵受教的积极性和主动性,使广大官兵以自我完善为目的,以自我塑造为动力,以高度的自觉接受教育。一是教育主体要坚持以官兵易于接受的内容和方式方法实施教育。区别不同层次的教育对象来选取教育内容是极为重要的。当前,部队官兵成分多元,其成长环境、认知水平差别较大,无差别的、不分对象的、单一的教育方式显然不利于广大官兵对大别山红色文化基因的主动接受,应该要加大对广大官兵的思想、心理、兴趣爱好的研究,有区别地选择大别山红色文化教育的内容、方法、手段,使广大官兵自觉、主动参与到教育活动之中。二是在施教过程中要强化感染作用。教育主体要有意识地、主动地用真理说服人、用真情感染人、用真实打动人,强化互动性,提升能动性,使教育的过程达到润物细无声的境界。就像列宁所说的:"没有'人的感情',就从来没有也不可能有人对于真理的追求。"[1]三是在施教过程中要营造民主氛围。教育主体在大别山红色文化强军教育过程中要端正态度,要尊重、关心、理解受教官兵,将自己摆在同广大官兵平等的位置上,以形成民主探讨、生动活泼的施教氛围。

(二)实时强化广大官兵的内化吸收

在大别山红色文化强军教育的过程中,广大官兵并不仅是被动地接受教育,而是在本身自有的思想认识基础上对教育者力求达成的大别山红色文化强军教育要求进行评价与选择性的接受,通过他们自身思想内部的矛盾运动,接收教育信息,自觉调整自己的认知状况,从而进一步将新的信息转化成为新质行为。因此,作为教育主体在完成施教过程后,并不意味着教育任务的完成,还要实时跟进广大官兵自我教育过程,鼓励引导广大官兵进行广泛的自我教育。构建互动的教育模式。比如,在一个主题教育结束后,可以围绕教育课题,组织官兵写感想感悟、心得体会,然后以交流会、座谈会、读书会等形式,开展互动教育,在互教互学、互帮互助中,达到教学相长的目的。除此以外,在教育实践中,广大官兵探索出诸如"大家谈""实话实话""官兵对话"等行之有效的教育方法亦可加以灵活运用。总之,在大别山红色文化强军教育过程中,我们可以总结、借鉴、推广这些被实践证明是

---

[1] 中共中央马克思恩格斯列宁斯大林著作编译局编:《列宁全集》第二十五卷,人民出版社1988年版,第117页。

有益的经验,以充分保证官兵真正融入教育之中。

(三) 重视基于效果的全程优化

教育效果指的是"教育—接受"过程后产生的客观作用,是系统有效性的最终体现。运用大别山红色文化资源进行强军教育之所以重要,其中非常重要的一条就是因为广大官兵的现实思想距离实现强军目标的要求、距离"四有"新时代革命军人的标准有差距,通过教育引导、内化思想、外化行为,不断缩小这种差距,因此可以将广大官兵思想觉悟的提升、精神面貌的改变、完成任务的好坏作为评价大别山红色文化强军教育成效的基本依据。当然,大别山红色文化强军价值的实现,并不是一蹴而就的,而是一个长期的潜移默化的过程。只有坚持常抓不懈,才会见到成效,所以我们应该根据做好教育效果的反馈与评价的结果,不断完善教育主体的施教过程和广大官兵的自我教育与接受过程,这是一个完整的教育过程系统,也是一个循环往复的过程。

三、改善环境系统

马克思主义认为,人的性格是由环境造成的,必须使环境成为合乎人性的环境[1],以造成共振效应。大别山红色文化强军价值实现的环境系统,是指影响大别山红色文化强军价值实现的各种环境因素的总和,主要包括军营环境、网络环境和社会环境等。

(一) 优化军营环境

建设一个战味浓郁、健康向上、优美整洁、布局合理的军营环境,有利于大别山红色文化强军教育的实施、强军价值的实现。一是利用大别山红色文化中的强军基因来营造和丰富军营文化。依托灯箱、广场、史馆、舞台、宿舍、训练场地等平台,营造点滴受感染、处处受熏陶的战斗氛围,以大别山红色文化激励广大官兵当兵打仗、带兵打仗、练兵打仗的热忱。二是加大宣传强度。运用广播、影视、报刊、网络等宣传载体,大力传播大别山红色文化,指导官兵正确理解各种不同的文化现象。通过举办类型多样的培训班、专题讲座等,帮助官兵提升吸纳大别山红色文化的效率,增强他们对各种腐朽思想的抵制力。三是开展丰富多彩的文体活动,传播积极向上的思想内容。在各种特色鲜明的主题活动之中,将大别山红色文化充分地有机地融入其中。常态化开展观看战斗影片、唱响战斗歌曲、呼号战斗口号、熟读战斗诗

---

[1] 中共中央马克思恩格斯列宁斯大林著作编译局编译:《马克思恩格斯全集》第二卷,人民出版社1957年版,第167页。

词、书写战斗格言等活动，把大别山红色文化中的血性基因融入官兵血脉，培养官兵虎气、豪气和霸气，以此强化他们从军报国、献身国防事业、建成世界一流军队的责任感和使命感。

（二）净化网络环境

网络是把"双刃剑"。当前，网络由于其及时性、交互性、虚拟性等特性，在红色文化教育过程中发挥着越来越重要的作用，但与此同时也存在着众所周知的负面效应。特别是互联网，敌对势力也是倾尽所能对其加以利用，以求对我们"西化""分化"。著名未来学家阿尔温·托夫勒曾说过："谁掌握了信息，控制了网络，谁就拥有了世界。"①所以净化大别山红色文化强军教育的网络环境问题应当引起我们的高度关注。对于互联网，我们要严把方向，在网络空间确立鲜明导向，大力弘扬主旋律，倡导高格调，占领网络阵地，打好主动仗，严防西方社会意识形态的侵袭侵害。要注意引导官兵正确辨别网络信息中的"糟粕"，取其精华，同时利用门户网站、微信公众号、微博等媒体不间断地宣传推送习近平新时代中国特色社会主义思想和习近平强军思想以及红色文化、大别山红色文化等相关内容信息，让广大官兵在知党知军的基础上真正做到信党信军、爱党爱军、护党护军，自觉投身强军兴军的时代大潮中去。

（三）营造良好的社会环境

社会是人类群体的存在形式，群体存在的总和构成社会环境。社会环境是军营环境的母体。脱离社会环境的军营环境是不存在的。军营环境既受社会环境的影响和制约，又能以自身的先进性反作用于社会环境。军营里的广大官兵都来自社会，在不同层面上都与社会存在着交往，都同社会有着千丝万缕的联系。广大官兵虽然在军营内部生活、工作和训练，但其思想、精神、价值追求、信仰和理想，以及物质需求，无时不在受到社会环境的影响，无时不在受到社会思潮、社会信息的影响。当前，在习近平新时代中国特色社会主义思想的正确引领下，在党和政府的大力倡导下，凝结着全体人民共同价值追求的社会主义核心价值观已成为人们的共识并融入社会发展各个方面，已转化为人们的情感认同和行为习惯，爱国、自信、诚信、奋斗、奉献等价值观念已蔚然成风。这为促进大别山红色文化强军价值的实现提供了良好的社会环境。这里需要我们注意的是，构成社会环境内部的价值状态，往往呈现着良莠不齐的状况。并非所有社会环境的"组成部件"在价

---

① 蔡惠福、刘亚：《各级领导要鼓励支持帮助军队媒体大力创新》，《军队政治工作》2013年第10期。

值取向上都是健康的、高尚的。当前社会环境中依然存在着拜金主义、享乐主义和极端个人主义，这些错误思潮必然会对广大官兵造成一定影响，对大别山红色文化强军价值的实现产生负面作用。所以，我们在着力优化军营环境、净化网络环境的同时，还应该积极营造良好的社会环境，通过协助完成地方重大任务，通过与地方共建融合，进一步发挥国防教育和军营环境的精神辐射作用，以军营环境的先进性促进地方社会环境以至整个社会环境的发展，从而为大别山红色文化强军价值实现营造更为优良的社会环境。

环境系统对大别山红色文化强军教育工作影响很大，遵循系统性原则，改善大别山红色文化强军教育环境系统，坚持优化军营环境、净化网络环境、营造良好的社会环境，"三管齐下"、整体联动，才能取得令人满意的教育效果。

总之，大别山红色文化强军价值的实现是一个系统工程，各级组织和职能机构必须把握系统性原则，将大别山红色文化强军教育系统各个要素（资源系统、过程系统、环境系统等）协调一致，组织有序，持续用力，把大别山红色文化强军教育工作真正落到实处，真正发挥其应有功效。

第二节　坚持科学性原则

科学性原则是指人们的活动必须在科学理论的指导下，遵循科学的程序、运用科学思维方法而形成的行为准则。科学性原则当然也是传承弘扬大别山红色文化、实现强军价值的要求，是其活力所在。只有坚持科学性原则，才能使大别山红色文化传承教育活动实现既合规律又合目的的高度统一。具体而言，实现大别山红色文化强军价值要坚持科学性原则，是指在实施大别山红色文化强军教育的过程中，坚持以科学理论为指导，顺应时代发展，紧贴时代要求，着眼使命任务，自觉遵循官兵思想行为的形成发展和红色文化传承的特点规律，利用科学内容体系，运用科学方法手段，建构科学评估机制等，不断提高大别山红色文化强军教育的科学化水平，从而有效实现大别山红色文化的强军价值。科学性原则是有效实现大别山红色文化强军价值的重要保证，是大别山红色文化强军教育的实践诉求，也是其生命力所在。

一、以科学理论为指导

理论是实践的先导。大别山红色文化强军教育，从本质上看，就是用马克思主义科学的世界观和方法论指导我们进行传承弘扬红色文化的实践活动。坚持大别山红色文化强军教育的科学性原则，就是要坚持以马克思主义基本原理、习近平新时代中国特色社会主义思想和习近平强军思想的科学指导，来确保强军教育的正确方向。这是提升大别山红色文化强军教育先进性和科学性的前提和基础。

（一）坚持以马克思主义基本原理为指导

马克思主义是人类智慧的结晶，是科学的世界观和方法论，是人们改造客观世界和主观世界的有力思想武器，也是我们进行大别山红色文化强军教育的根本依据。大别山红色文化是大别山区广大军民在党的领导下，在新民主主义革命实践中创造的一种独特的地域文化。大别山区军民在新民主主义革命时期所进行的一切革命活动都是在马克思主义科学理论的指导下展开的，而马克思主义是被实践所证明了的符合人类社会发展规律科学理论，它科学揭示了人类社会发展的必然趋势。大别山区军民在开展艰苦卓绝的革命斗争中所形成的路线、方针、政策和策略，完全符合马克思主义辩证唯物主义和历史唯物主义。大别山红色文化具有科学性与先进性。为此，大别山红色文化强军教育也只有坚持马克思主义基本理论的指导，才能实现其科学性、先进性，保证其方向性。坚持马克思主义基本理论的指导，实际上就是用马克思主义科学的理论、科学的精神、科学的方法指导开展大别山红色文化强军教育工作，把马克思主义的根本立场、基本观点、科学方法贯彻于大别山红色文化强军教育的实践，帮助广大官兵学会运用科学理论观察、分析、解决那些困扰人们的种种现实问题，引导广大官兵树立科学的世界观、人生观和价值观，自觉抵制社会上各种错误思想观念和西方各种错误社会思潮的影响，牢牢把握大别山红色文化强军教育的政治方向。

（二）坚持以习近平新时代中国特色社会主义思想为指导

习近平新时代中国特色社会主义思想，是对马克思列宁主义、毛泽东思想、邓小平理论、"三个代表"重要思想、科学发展观的继承和发展，是马克思主义中国化的最新理论成果，是党和人民实践经验和集体智慧的结晶，是全党全国人民为实现中华民族伟大复兴而奋斗的行动指南。习近平新时代中国特色社会主义思想，创造性地科学回答了当代中国一系列重大理论和实践问题，具有无可置辩的科学性和真理性。以习近平新时代中国特色社会主义思想武装广大官兵头脑，能够有效抵制"军队非党化、非政治化"和"军队国家化"等错误政治思潮的干扰和影响，进一步增强广大官兵坚持投身改革开放和中国特色社会主义现代化建设事业的坚定性和自觉性，进一步强化广大官兵对中国特色社会主义的信念和信心，进一步增强广大官兵坚决维护党的核心和党中央权威,全面深入贯彻军委主席负责制,坚决听从党中央、中央军委和习近平主席指挥的坚定性和自觉性,从而夯牢传承弘扬和接受大别山红色文化的思想根底。同时,用习近平新时代中国特色社会主义思想所蕴含的世界观和方法论去审视、指导和推动大别山红色文化强军教育,去剖析和解决传承教育过程中面临的突出矛盾、重点难点问题,能够使大别山红色文化强军教育的理论和实践更加丰富,内容和方法更加科学,制度和机制更加完善,能够激发我们在深入领会贯彻习近平新时代中国特色社会主义思想过程中,运用新思维、新视角、新方法去研究和解决大别山红色文化强军教育面临的新情况、新问题,进一步拓展新思路,适应新形势,实现新发展,不断增强大别山红色文化强军教育的科学性和先进性。

（三）坚持以习近平强军思想为指导

党的十八大以来,习近平在领导强军兴军的伟大实践中,着眼于实现中华民族伟大复兴的中国梦,围绕新时代建设一支什么样的强大人民军队、怎样建设强大人民军队,深入进行实践探索和理论创造,提出一系列新思想、新观点、新论断、新要求,形成了内涵丰富、博大精深的习近平强军思想。习近平强军思想是习主席领航强军兴军的伟大成就和理论创造,是党在新时代实现强军目标、把人民军队全面建成世界一流军队的科学指南和根本遵循。运用大别山红色文化资源对广大官兵进行思想政治教育,实现大别山红色文化强军价值,为实现强军事业而服务,是贯彻落实习近平强军思想的实践要求。我们只有全面准确地学习领会并将习近平强军思想贯彻落实到大别山红色文化强军教育的全过程,切实增强对习近平强军思想的政治认同、思想认同、理论认同和情感认同,自觉做强军思想的坚定信仰者、忠实执行者、模范践行者,才能使强军教育主体、广大官兵在研理、析理、知理、明理的过程中,进一步增强传承、弘扬、接受大别山红色文化的自觉性,进一步增强担当强军重任的坚定性,才能科学指导军事实践,推动大别山红色文化强军价值的顺利实现。

二、以科学内容为内核

大别山红色文化强军价值的实现,非常重要的一环是运用大别山红色文化资源对广大官兵实施红色基因传承和强军教育。这是一个以大别山红色文化感染熏陶广大官兵到掌握广大官兵思想动态的发展过程,这个过程的顺利展开要求联系教育主客体之间的大别山红色文化教育资源具有科学性,即大别山红色文化强军教育主体向教育客体传输的内容必须是科学的。大别山红色文化强军教育的内容只有体现彻底的科学性,广大官兵才会在信服中去自觉接受、理解、掌握和运用，从而达到教育目的。可以说，保证内容的科学性，是坚持大别山红色文化强军教育科学性的重要基石。具体说来，保持大别山红色文化强军教育内容的科学性，就是要按照真实性、价值性、层次性的原则，精选和运用正确且准确的教育内容。

（一）确保教育内容的真实性

大别山红色文化强军价值实现过程中，大别山红色文化资源即教育内容或教育媒介的真实性至关重要。教育内容的真实性程度越高，强军教育的科学性就越强，反之亦然。内容的真实性是强军教育科学性的基石和前提，只有内容做到准确、正确，这些红色文化资源才具有强大的说服力。因此，我们在运用大别山红色文化资源实施强军教育时，必须要对大别山红色文化教育资源进行科学整合，进行科学筛选。而整合和筛选的过程就是去伪存真的过程，就是确保教育内容真实性的过程，它可以使原始性的资料在概然性上具有代表性，进而确保它的科学性，避免以偏概全造成指导实践的危害性。

我们在运用大别山红色文化资源实施强军教育时，还应该对触及的红色资源进行深入的研究，善于透过现象看本质，把握历史发展的主题主线、主流本质，从普遍性中发掘代表性，挖掘典型性，使教育内容既接地气，又真实可靠，从而达到真正的科学性。

此外，由于大别山红色文化资源的挖掘开发、研究整合是一个复杂的动态过程，这就不可避免地使我们在某一时段上对大别山红色文化资源的认识存在着一定的模糊性，因此我们进行大别山红色文化强军教育时，必须能够做到在大量的模糊性的资料当中把握住具有最大可信性的相关资料内容，善于做由表及里、去粗存精的工作，从大量模糊性的资料中找出最大清晰度和最高可信性的资料，发掘其质的规定性，以得出科学的结论，保证教育内容和媒介的真实可靠。

（二）确保教育内容的价值性

大别山红色文化强军教育内容的价值性，就是在内容的选取、研究、创作、安排设置等方面要符合新时代军队思想政治教育特点，满足强军价值的实现要求。大别山红色文化是一种具有实践性和人民性、革命性和先进性、传承性和时代性的高尚文化，在当今市场经济大力发展的环境中，我们在系统搜集、整理、研究大别山红色文化资源时，应该要下大力气将这些优质的特性给充分挖掘出来，以丰富的、有血有肉的、科学的、理性的内容，让大别山红色文化教育内容的价值性充分展示出来，消除部分官兵可能会产生的将大别山红色文化与市场经济、将历史与现实、将战争年代与和平时期对立起来的不正确的思想苗头,使广大官兵在跨越时代的沟壑中,自觉摒弃不应有的、无根无据的幼稚性的对立抵触心理,从而在实践中更好地发挥出大别山红色文化的强军价值功能。与此同时,我们还应加大对大别山红色文化的研究力度,创作出一批符合时代要求、贴近官兵实际、有价值的理论成果和艺术成果,以广大官兵喜闻乐见的艺术形式传播和宣传红色文化。比如改革开放以来涌现出的一些优秀成果,如学术研究作品《金寨红军史》《大别山上红旗飘》《红色先锋:红二十五军长征珍闻录》《皖西革命史》《解放军将领传》《六安将军传》《血沃中原》《敌后三年》等,以及以大别山红色文化为题材创作的影视作品,如《铁血红安》《圣天门口》《中原突围》等,都是非常有价值的教育内容,在宣传实践中也受到了广大官兵的欢迎与喜爱,对大别山红色文化强军价值的实现发挥了极为重要的作用。

(三)确保教育内容的层次性

教育内容的层次性,是指教育内容要区别不同层次的教育对象来进行科学合理的设置。当前,由于广大官兵成分结构比较复杂,思想基础、接受能力、社会阅历的层次性差别比较明显。随着大量"00后"(一般指2000年至2009年出生的一代人)青年积极投身军营,我军官兵成分结构发生了很大变化,"95后"(一般指1995年至1999年出生的一代人)、"00后"官兵已经成为基层官兵的主体,各成分群体都显现出自身的特点。如出身少数民族的官兵,有的伴有一定的民族宗教信仰;独生子女官兵,部分人员从小娇生惯养,自理能力偏弱,涉世浅,缺乏艰苦环境和复杂斗争的锻炼;大学生士兵,文化程度较高,社会阅历少,对一些事情、事件有自己独到的看法,但其中一些人缺少政治警惕性,意识形态斗争经验少,对党指挥枪的重要性认识不深不透。这些带有明显差异性的情状,要求我们在实施大别山红色文化强军教育时,要区别不同的对象,运用的教育内容应由浅入深、由易至难,分阶段划分,按阶段推进,将大别山红色文化强军教育内容一步步地按照广大官兵的特点进行展现。也只有这样合理地设置教育目标与教育内容,对教育内容进行合理科学的划分,才能逐步达到既定的目的。

三、运用科学方法与手段

大别山红色文化强军教育的方法与手段是否科学,直接关系大别山红色文化强军教育的实际效果。在时代发展的新形势下,我们要结合广大官兵的思想特点和红色文化传承的自身规律,努力构建科学的教育方法体系,综合运用符合大别山红色文化强军教育实践要求的方法与手段。

（一）继承发展传统方法与手段

传统是创新的前提和基础。在思想政治教育中，传统方法之所以能延续下来，有它存在的内在合理性。实际上，如果完全摒弃传统方法，那么思想政治的创新就如同失去了根基，变成了空中楼阁。在从民主革命时期以来的红色文化教育中，我党我军创造和形成了许多行之有效的科学方法。比如理论宣讲、课堂灌输、现地教学、随机教育，并将部队、社会、家庭融为一体、共建共育，这些传统的方法手段，对于确保教育的效果，提升部队的战斗力和广大官兵的战斗热忱发挥了至关重要的作用，而这也正是新时代提高大别山红色文化强军教育科学化水平应该加以继承和发扬的。当然，由于时代在发展，环境在变化，我们还应结合新形势和新任务，不断赋予传统方法与手段以新内涵，充实新内容，丰富新形式，将传统方法与手段继承好、发展好、运用好。

（二）注重运用现代科技手段

随着科学技术的发展，现代科学技术手段在军队的思想政治教育中发挥着越来越重要的作用。大别山红色文化强军教育必须适应时代发展，主动运用现代信息技术手段。加强网络技术、虚拟仿真技术、人工智能等高新技术运用的力度，充分发挥融媒体的教育效用，将线上和线下相结合，将虚拟与现实相结合，实现大别山红色文化强军教育由平面向立体、由单向向多维、由静态向动态、由抽象向形象化的转变。

（三）积极借鉴现代科学方法

在社会主义市场经济和信息化时代背景下，大别山红色文化强军教育应该要融入时代，积极适应环境，适应国防和军队改革后部队建设和作战训练出现的新变化。要善于将现代军事训练学、管理学、组织学、教育学、文化学、传播学、心理学、统计学等相关学科的理论和方法运用于红色文化强军教育的实践当中，不断增强大别山红色文化教育的针对性、主动性和实效性。同时，要善于学习和借鉴其他地方红色文化教育的有效经验和成功做法，使大别山红色文化强军教育更加充满生机和活力，更加富有成效。

四、实施科学评估

进行科学评估是推动大别山红色文化强军价值更好实现不可或缺的重要一环。进行科学评估，要系统考察弘扬传承大别山红色文化强军目的要求、教育主体、教育客体、教育过程、教育环境等要素的实际情况，确立可测的评估指标体系,通过准确正确的信息反馈,对部队大别山红色文化强军教育的效果进行实事求是的分析与判断。对大别山红色文化强军价值的实现效果进行科学评估要做到"三个结合",即横向综合评估与纵向综合评估相结合,领导机关评估与基层官兵评估相结合,强军教育实际情况与部队全面建设水平相结合。

(一)横向综合评估与纵向综合评估相结合

横向综合效果评估,是指大别山红色文化强军教育与红色文化教育乃至与思想政治教育之间是否形成了合力,是否发挥出了综合效用。纵向综合效果评估,是考察大别山红色文化强军教育是否将教育的连续性和阶段性有机地统合起来,是否坚持由表及里、由浅入深,评估时将教育前后官兵思想行为的变化作为效果评判的主要指标。将横向评估与纵向评估相结合的评估方式,对于科学评判大别山红色文化强军教育的效果提供可靠依据,对于及时发现教育中存在的问题和进一步改进教育方式和提高教育水平提供有益参考。

(二)领导机关评估与基层官兵评估相结合

领导机关评估与基层官兵的评估相结合,实际上是点与面的结合。通过评估,可以相互印证大别山红色文化强军教育的实际成效,也可以及时发现大别山红色文化强军教育过程中存在的问题与不足。通过评估,一方面可以进一步弥补强军教育中存在的不足,另一方面也可以使得评估结论更加准确可靠。

(三)强军教育实际情况与部队全面建设水平相结合

大别山红色文化强军教育的效果,是与广大官兵在教育前后思想观念的转变、思想觉悟的提升、日常演训和执行任务中的精神状态紧紧联系在一起的,所以,在评估大别山红色文化强军教育的成效时,自然应该要将强军教育实际情况与部队全面建设水平相结合,这样的评估结论才会是全面的、客观的。

另外,为了确保大别山红色文化强军教育有序有效地展开,还应建立科学而完善的制度机制作为保障。

第三节 突出针对性原则

针对性原则简单地说就是"对症下药"。习主席在全国高校思想政治工作会议上曾强调指出:"思想政治工作,要因事而化、因时而进、因势而新",

要"提升思想政治教育亲和力和针对性"。① 习主席的这一重要指示,既是新时代高校思想政治教育工作的根本遵循,也是新时代部队开展包括大别山红色文化强军教育在内的思想政治教育工作的根本遵循。实现大别山红色文化强军价值要突出针对性的原则主要包括两个方面的内容:一是要在教育内容上找准大别山红色文化强军价值实现的契合点和切入点,有针对性地突出教育重点。二是要从实际出发,根据广大官兵层次结构、知识水平、思想观念、心理特点、行为习惯等层面的差异性,有区别、有针对性地开展教育工作。只有突出针对性,才能使大别山红色文化强军教育真正做到符合实际,符合教育内容的自身要求,符合广大官兵思想的实际状况和发展的客观规律,从而增强教育的有效性,达到预期的教育目标。

一、贯彻"以人为本"教育理念

"以人为本"是现代思想政治教育最根本的价值原则和本质要求,是加强思想政治教育针对性的前提。加强大别山红色文化强军教育的针对性,也必然要坚持"以人为本"的教育理念,并将这一理念贯穿于大别山红色文化强军教育的整个过程、各个环节。

(一)注重人文关怀,重在心灵沟通

运用大别山红色文化资源实施强军教育,落脚点是要进一步坚定广大官兵的理想信念、强化军魂意识,形成强大的精神力量和良好的道德品质,使他们尽快成长为有灵魂、有本事、有血性、有品德的"四有"新时代革命军人。这就决定了大别山红色文化强军教育必须从实际出发,从广大官兵所思、所想、所盼出发,准确切入广大官兵的情感世界、精神世界和现实思想,做到注重人文关怀和心灵沟通,使教育做到切中要害、有的放矢,确保大别山红色文化强军教育的实效和质量。

(二)尊重官兵主体地位,发挥官兵主体作用

大别山红色文化强军教育的对象——广大官兵,是具有主观能动性的人。从一定意义上讲,大别山红色文化强军教育活动也是广大官兵的自我教育活动,蕴含着自我探索性、自我选择性、自我构建性和自我创造性,这就决定了在大别山红色文化强军教育的过程中,必须尊重广大官兵的主体地位,发挥他们的主观能动性,激发他们探索、选择、建构、创造的热情和活力,使得教育真正做到内化于心、外化于行。

---

① 习近平:《把思想政治工作贯穿教育教学全过程 开创我国高等教育事业发展新局面》,《人民日报》2016年12月9日。

(三)强化教育管理育人,强化教育服务育人

教育的过程是管理的过程,又是服务的过程。同样,大别山红色文化强军教育的过程本身即教育育人,又涉及教育管理和教育服务。所以,在教育过程中,必须增强教育者和管理者的服务意识,使广大官兵切身感受到强军教育与他们切身利益息息相关,认识到强军教育不仅仅是服务于军队建设发展的需求,也是服务于广大官兵个体发展的需求,是服务于广大官兵个体价值与强军价值的共同实现,引发他们的思想共鸣,从而自觉地接受教育,增强大别山红色文化强军教育的实效性。

二、突出教育重点,增强教育内容的针对性

大别山红色文化具有多重价值功能,诸如历史印证价值、文明传承价值、弘扬民族精神价值,等等。而突出大别山红色文化的强军价值是我们开展大别山红色文化强军教育的目的所在,因此一定要瞄准教育目的,有针对性地选取教育内容,突出教育重点,使教育内容反映强军要求,紧贴时代发展,紧贴使命任务,紧贴官兵实际,切实加强大别山红色文化强军教育内容的针对性。大别山红色文化强军教育要紧紧围绕党在新形势下的强军目标,以历史使命教育、理想信念教育、战斗精神教育、艰苦奋斗教育等为重点内容,突出回答和解决官兵的信仰追求、立身做人、使命责任等问题。

(一)加强理想信念教育,铸牢军魂意识

坚定的理想信念是中国共产党人强大的精神支柱,是中国共产党人精神上的"钙",也是推动党和人民事业前进的力量源泉。听党指挥是强军之魂,我们这支军队只有理想信念坚定,才能永葆忠诚于党的政治品格,自觉抵制"军队非党化、非政治化"和"军队国家化"等错误思潮的影响,坚持党对军队的绝对领导。新民主主义革命时期,在20多年的曲折斗争中,大别山区军民始终坚守马克思主义信仰,坚信共产主义必然胜利的信念,他们自觉地将我们党看作自己的"主心骨"和"领路人",一心一意跟党走,为了理想出生入死,浴血奋战,不懈奋斗,为中国人民解放事业做出了特殊的贡献。在烽火连天的长期革命斗争中,流血牺牲是一种常态,革命前辈虽然懂得自己追求的理想在其有生之年可能无法实现,但是他们仍以"功成不必在我、功成必定有我"的使命感和担当精神,为了理想信念抛头颅洒热血、前赴后继、牺牲奉献。我们必须结合强军实践,整理好、运用好这些"经典题材",将理想信念教育作为大别山红色文化强军教育的重中之重。唯有如此,才能进一步铸牢广大官兵的军魂意识,激励广大官兵将爱党情、报国志、强军行融入建成世界一流军队的时代洪流之中。

(二) 加强战斗精神教育，激发军人血性

能打仗、打胜仗是强军之要，是军队的使命所在。军人要履行好职责使命，除了要有物质保障外，还必须要有高昂的士气，要有"一不怕苦、二不怕死"的战斗精神。正因如此，习近平主席特别强调要着力抓好战斗精神培育。实现大别山红色文化强军价值，进行战斗精神培育无疑是教育重点之一，必须要在提高部队士气、激发军人血性上做足功课、下足功夫。我们要有针对性地挖掘、提炼新民主主义革命时期大别山区军民形成的"一颗红心拿不去，头断血流不投降"和迎难而上、百折不挠、不胜不休的顽强的血性胆魄；在进行大别山红色文化强军教育时，将这种血性胆魄融入广大官兵战斗精神培育全过程，引导广大官兵继承发扬大别山军民大无畏的英雄气概和英勇顽强的战斗作风，强化官兵在信息化条件下刻苦学习、掌握本领、不畏强敌、敢打必胜的信心勇气，确保部队召之即来、来之能战、战之必胜。

(三) 加强艰苦奋斗教育，坚守军人本色

习主席强调指出，艰苦奋斗是我们党的光荣传统，也是我们军队的光荣传统，作为党领导下的人民军队，如果不提倡艰苦奋斗，就不可能成为一支具有强大战斗力的军队。我军自建军以来，不仅敢打善战，而且勇于在艰难困苦中不懈奋斗，艰苦奋斗是我党、我军的光荣传统和政治本色。进入改革强军的新时代，虽然时空环境、条件待遇与战争年代相比发生了巨大变化，但广大官兵面临的学习训练之苦、多样化军事任务的特殊考验之苦必将更多。所以，进行大别山红色文化强军教育，将艰苦奋斗教育作为重点内容是题中应有之义。在教育中，应将革命战争年代大别山区军民经历的数不清的艰难困苦，物质条件的奇缺和斗争环境的残酷事实，以及"高山岩洞是我的房，青枝绿叶是我的床，野菜葛根是我的粮……"这样一种生活方式和艰苦奋斗精神充分地展现出来，并将其贯穿于教育过程，从而激发广大官兵继承先辈的光荣传统和优良作风，发扬特别能吃苦的顽强作风、特别能奋斗的拼搏精神、特别能奉献的崇高境界和特别有激情的乐观主义，使艰苦奋斗成为广大官兵的一种高度的政治自觉，更好地投身改革强军实践。

除此之外，在进行大别山红色文化强军教育的过程中，还应加强宗旨意识教育、严守纪律教育、创新意识培育等，以充分地发挥出大别山红色文化的强军价值。

三、着眼官兵实际，增强教育方法针对性

要增强大别山红色文化强军教育的实效，必须有切合实际的教育方法。就如同桥梁，有的可以走火车，有的只能走汽车，有的连骡马也不能走。实

践表明,强军教育要真正能够做到入脑入心,达成目标,就必须要全面掌握广大官兵的情况,运用行之有效的方法,切实增强教育方法的针对性。

(一)恰当划分教育层次,力求因材施教

大别山红色文化强军教育以广大官兵为教育对象,不同类别的官兵群体有着不同的知识结构,接受能力也各有差异,其关注点亦有不同。这就要求我们在开展大别山红色文化强军教育活动时,必须充分考虑到这些差异,做到因岗施教、因类施教、因材施教。通过教育,使指挥人员能汲取诸如领导管理、指挥打仗、会做思想政治教育工作等本领能力;使广大士兵能做到服从命令、听从指挥,掌握好手中武器,完成好交给的各项任务。这样才能使得大别山红色文化强军教育工作的开展更具有针对性,达到事半功倍的效果。

(二)准确把握官兵思想脉络,力求对症下药

如前所述,由于广大基层官兵的个体差异和家庭、社会环境不同,其价值观是多元的,有的甚至是错误的。因此,这就要求大别山红色文化强军教育要真正掌握教育对象的价值观及人格结构,并开展有针对性的教育工作,使教育有的放矢。大别山红色文化强军教育工作者要通过聊天谈心、座谈交流、问卷调查等形式认真考察官兵的基本情况和思想动向,通过展开心理普查和心理咨询,掌握官兵的心理特点,并用科学的方法分析梳理判定出亟须解决的现实问题,从而为大别山红色文化教育的开展提供所需的依据和支持。这样,才能使教育更有针对性,做到"对症下药",不流于表面和形式化。

(三)紧密着眼官兵"接受度",力求突出实效

所谓"接受度"是指人们对于特定信息的认可和接受程度。特定的教育信息高于或低于人们的"接受度",就会招致排斥和抗拒,因此,大别山红色文化强军教育必须立足广大官兵的"接受度",运用通俗易懂的语言、鲜活生动的内容,要注重运用具有时代特点、贴近部队实际、深受官兵欢迎、广大官兵喜闻乐见的有针对性的方式方法,最大限度地引导广大官兵理解、接受和信服,只有这样,大别山红色文化强军教育才具有亲和力、感召力和吸引力。

第四节 秉持创新性原则

创新是指人类为了满足自身发展需求,通过对认识对象新的属性、规律和关系的揭示、发现和运用把握,从而使人类在认识和改造世界过程中形成

新的质的飞跃,进而推动人类社会和人类自身不断向前发展的标志性实践活动。① 习近平主席强调指出:"纵观人类发展历史,创新始终是一个国家、一个民族发展的重要力量,也始终是推动人类社会进步的重要力量。不创新不行,创新慢了也不行。"②创新已成为当今的时代精神,随着经济全球化和信息网络技术的迅猛发展,意识形态领域的斗争呈现出更加复杂多样的态势,人们的思想出现了许多新情况和新问题,思想政治教育面临更加艰巨的挑战。思想政治教育如果不能够与时俱进、实现创新,就会落伍于时代,就会失去其生机和活力。一切事物都处于变化发展之中的,大别山红色文化也是如此。大别山红色文化是自新民主主义革命时期,大别山区军民在中国共产党的领导下,经过 28 年浴血奋战,在持续奋斗中产生、丰富和发展的。创新性是大别山红色文化自身的秉性之一,正是创新性使得大别山红色文化得以在中华民族传统文化的土壤中生根,正是创新性使得大别山红色文化与同时期的其他红色文化既具有共性,又具有其鲜明的地域文化特色,正是创新性使得大别山红色文化在大别山区 28 年红旗不倒的斗争实践中逐步发展成优秀的革命文化。大别山红色文化的创新性要求我们在运用其开展强军教育的过程中,更要坚持与时俱进、开拓创新,从而提升大别山红色文化在强军教育中的功能。

所谓秉持创新性的原则,就是指在运用大别山红色文化进行强军教育的过程中,要根据社会环境和时代条件的变化,着眼强军兴军的教育诉求,用创新的思维、创新的理念不断革新教育内容,改革不合时宜的教育方法,创新多样化的教育形式,不断探索新时代大别山红色文化强军教育新特点,更好地实现大别山红色文化强军价值的原则。改革创新是新时代我军政治工作不断向前发展的思想源泉和发动机,大别山红色文化强军教育只有顺势而为、敢于创新、善于创新,才能不断增强其时代性和感召力。

一、创新教育理念

教育理念是人们适应时代特点和教育本质所追求的教育理想,是建立在教育规律基础之上的,它是教育主体在教育实践及教育思维活动中形成的对"教育应然"的理性认识和主观要求,涉及教育使命、教育目的、教育内容、教育方法等。新的历史时期,随着我国军事改革的进行,我军的思想观

---

① 毛良升:《哲学视域中的创新研究》,中共中央党校博士论文,2012 年 4 月 1 日。
② 习近平:《建设世界科技强国》,载《习近平谈治国理政》第二卷,外文出版社 2017 年版,第 267 页。

念也抛弃了大陆军时代的作战理念,更趋于实战化需要方向,这给新形势下军队思想政治教育工作提出了新课题、新要求。大别山红色文化强军教育同样也要跟上改革的步伐,跟上时代发展,跟上我军作战的需要,更好地为党、为国家、为军队服务。对此,我们要转变传统的教育理念,以适应形势的需要,这是推动大别山红色文化强军教育工作创新发展的重要前提。

(一) 坚持构建"大教育"格局为导向的理念

所谓"大教育"格局,就是全员、全程、全方位立体贯通式的育人格局。在百年未有之大变局下,社会大变革、文化大交融、思想大碰撞,铸魂与蛀魂、固根与毁根的较量形势严峻,努力形成全员、全程、全方位立体贯通式的育人格局,强化闭环式环境的熏陶、凸显整体育人合力,是新时代加强和创新大别山红色文化强军教育的必然要求。开展大别山红色文化强军教育,就必须始终树牢"大教育"的思想观念,在实施教育的过程中,不能认为思想政治教育只是政治教员的事,必须要破除搞思想政治教育就是上教育课的错误认识,要树立人人是教育者、人人受教育、时时处处有教育的思想理念,特别是要发挥大环境熏陶、军营文化浸润的作用,真正使"大教育"的思想观念落实、落地。要充分发挥军地教育的互融互通作用,形成军民深度融合的思想教育体系,全方位、多渠道地实施教育,从而提升大别山红色文化强军教育的实效。尤其是要激发官兵自我教育的积极性。

大别山红色文化强军教育从本质上看是改造人的主观世界的工作。这就需要我们在教育过程中实现主导性与主体性的统一,最大限度地发挥广大官兵的主体作用。之所以如此,是因为每一位官兵都是具有独特个性的独立个体,有独立的人格。发挥广大官兵的主体作用,尊重他们,敬畏他们,把他们从教育的从属的、被动接受者的地位置于平等的、自我建构者的地位,从而更好地建立起教育主客体之间的充分信任。能做到彼此尊重,平等对话,可以使硬性的、高高在上的、千人一面的大水漫灌式教育转变为直抵心灵深处的、精准的、因人而异的滴灌式教育。通过案例式、体验式、互动式、情景式的教育方式,将"要我学"自然转变为"我要学",将被教育者同时转变为教育者,把广大官兵对大别山红色文化的情感认同激发出来,在自我学习、自我改造、自我提高、自我完善的过程中,实现价值认同,使大别山红色文化强军教育达到事半功倍的效果。

(二) 确立以战斗力为根本标准的理念

打仗打不赢,一切等于零。军队是要打仗的,必须牢固树立战斗力这个唯一的、根本的标准。能打仗、打胜仗是党和人民对军队的唯一的根本要求,是军队使命职责之所在、军队存在的根本价值之所在。坚持把战斗力标准贯彻到全军各项建设和工作之中,是一个带全局性、方向性的问题。军队建设各项工作,如果离开战斗力标准,就失去其根本意义和根本价值。作为军队思想政治教育不可或缺的大别山红色文化强军教育,就必须坚持战斗力标准,把教育的出发点和落脚点放到如何提高战斗力的标准上,以保证"打赢"来衡量和检验教育的质量效果,切实形成围绕实现党在新时代的强军目标的氛围来开展工作。

新时代开展大别山红色文化强军教育坚持以提高战斗力为根本标准,就是要求在教育过程中不断强化实战意识,大力弘扬和培育战斗精神。战斗精神是军人的意志品质、决心信心、战斗作风、心理素质和纪律观念等凝聚升华而成的一种内在力量和战斗气质。信息化战争不仅仅是武器装备的对抗、智慧的碰撞,更是精神和意志的对抗。因此,大别山红色文化强军教育必须要确立以战斗力为根本标准的理念,通过教育锻造"一不怕苦、二不怕死"的战斗精神,使广大官兵具备压倒一切敌人而不被敌人所压倒的英雄气概、敢打且必胜的充足信心、沉着果断的心理素质。同时,开展大别山红色文化强军教育坚持以战斗力为根本标准的理念,还应特别注重要将强军教育活动与日常军事演训和完成重大任务结合起来,将大别山红色文化强军教育与作战训练任务一体推进。就思想政治教育本身而言,不是为教育而教育。如前所述,大别山红色文化强军教育的出发点和落脚点是为了提升部队的战斗力,所以必须充分地融入官兵的日常工作之中,通过教育,革除"和平积弊",激发广大官兵爱军精武、常备不懈的思想观念,激发训练热情,强化实战实训意识,培养广大官兵"当兵打仗、带兵打仗、练兵打仗"的自觉性和"首战用我、用我必胜"的自信心,引导官兵以"一不怕苦、二不怕死"的顽强战斗意志和无畏牺牲精神,全身心投入建成世界一流军队的强军事业之中,做到随时拉得出、上得去、打得赢。

(三)突出以信息化为核心的理念

习近平深刻指出:"全媒体、大数据时代的到来,对政治工作的影响是全域的、深层的。我们的对手利用互联网推行'数字霸权'和价值观渗透,我们的工作对象是网络化生存生活的青年官兵,我们面临的战争是信息化战争,政治工作过不了网络关就过不了时代关。"[①]新形势下的大别山红色文化强军教育,正处在这样一个信息技术迅猛发展、新兴媒体快速崛起的时代。快速发展的新兴媒体给人们带来了极大的便捷感,改变着人们原有的生活习惯与社交方式,但是也让越来越多的人沉溺于网络和新兴媒体中而不能自

---

① 《习近平在全军政治工作会议上的重要讲话》,《解放军报》2014年11月24日。

拔。军营中的广大官兵也不能独善其身,对新兴事物的好奇心和部队环境的相对封闭性,使得一些官兵对手机网络依赖度提升。所以,新媒体时代给大别山红色文化强军教育带来了千载难逢机遇的同时,也使我们面临着前所未有的挑战。强军教育必须适应信息网络时代的特点和规律创新发展,把好网络关,要树立主动适应的意识,要树立为我所用的意识,要破除恐网、堵网、拒网的陈旧观念,探索网络教育新模式,把网络这个"最大变量",变成教育创新的"最大增量"。推进网络云课堂建设,广泛开展网上调查、直播授课、在线互动、解疑释惑、咨询服务、自主学习等,形成人人在网、智能泛在、广泛互联的军营网络教育生态。牢固树立阵地意识,把网络阵地的守势变成攻势,被动变为主动,积极利用新媒体传播大别山红色文化,传承红色基因,进一步打牢官兵思想基础,激发部队战斗力。

二、创新教育内容

大别山红色文化产生于我们党领导大别山区民众翻身求解放的特定时代,推进了社会的进步,产生了深远的影响。但在信息化时代,广大官兵对新奇事物的求知欲强,思想活跃,且获取信息渠道多、速度快。所以,传承大别山红色文化、开展大别山红色文化强军教育,就需要对其内容进行不断的丰富和创新,以满足新时代官兵的思想需求爱好,更好地适应实现强军价值的需要。

(一)与时俱进,赋予大别山红色文化时代特色

大别山红色文化诞生于血与火的革命岁月,凝结着我党我军的历史传统和优良作风。但要看到,传承大别山红色文化是一项系统工程、基础工程、灵魂工程和战略工程,大别山红色文化的价值功能的表现必然会受到内在和外在环境的影响。因此,新的历史条件下,运用大别山红色文化开展强军教育,就必须把大别山红色文化作为强军兴军的内在动力,着眼现实,紧贴时代发展和使命任务,与时俱进赋予其时代特色。结合时代特点和要求,阐释好大别山红色文化,将大别山红色文化中的强军因子全方位融入广大官兵强军实践之中。将"四有"新时代革命军人要求、好干部标准、"四铁"部队要求,与大别山红色文化强军因子相对接,引导广大官兵与时俱进地继承好党和军队的光荣传统,发扬好党和军队的优良作风,从而有效实现大别山红色文化的强军价值。

(二)推陈出新,创作并推出大别山红色文化精品

"内容为王"。大别山红色文化的内核是大别山区军民用鲜血和生命铸就的革命信仰、革命本色、革命行动和革命品质。实现大别山红色文化的强军价值,在教育的过程中,必须立足时代背景,优化教育供给侧,有针对性地对大别山红色文化的内容进行提炼升华,创作并推出更多更好的个性化、可视化、互动化的文化精品,让大别山红色文化活起来、传下去。比如说,文艺界精准观照历史与现实,推出的许多包括大别山红色文化在内的红色文化题材的电影、电视剧、话剧、戏曲、歌曲等文艺作品,以其特有的吸引力、感染力,为广大官兵所喜闻乐见。通过这些文艺作品,广大官兵既能深入了解红色历史、熟知革命业绩、感悟苦难辉煌、领悟忠诚真谛、保留红色记忆,并在重拾红色记忆中催生革命豪情,自觉坚守红色文化高地,熔铸精神灵魂,拨亮信仰之光,深扎忠诚之根,真信忠诚之理,践行忠诚之责。[1] 因此,我们应当要充分挖掘大别山红色文化资源,创作出更多红色文化精品,只有这样,才能让大别山红色文化进入官兵思想、融入血脉,使其成为献身强军实践、实现党在新时代的强军目标的精气神和不竭动力。

三、创新教育方法

没有适当的教育方法,教育目的就不能实现。毛泽东同志在谈到思想政治工作方法时,曾指出:"我们的任务是过河,但没有桥或没有船就不能过。不解决桥或船的问题,过河就是一句空话。不解决方法问题,任务也只是瞎说一顿。"[2]大别山红色文化强军教育,只有适应形势发展和时代的要求,不断创新教育方法手段,才能取得实效。

(一)情理相融法

所谓情理相融法,就是把动之以情和晓之以理融会贯通,结为一体,达到以情感人、以理服人的思想教育方法。在开展大别山红色文化强军教育时,运用这一方法,就是要将理与情充分融合,使教育内容真正融入广大官兵的心坎之中。"情"是融合剂,大别山红色文化强军教育工作者要带着真情、真心、真意,饱含革命感情去开展教育工作,要尊重官兵,理解他们,关心他们,爱护他们,变训导式为探讨式,变领导式为朋友式。"理"是根基,是方向,是贯穿于大别山红色文化强军教育作用全过程的关键点,开展大别山红色文化教育工作需要把道理讲清、讲实、讲透,从根本上提高官兵的思想觉悟。为了更好地贯彻情理相融法,大别山红色文化强军教育的施教者,必须躬身践行,要做到教育者先受教育,要求普通官兵做到的,自己首先要做到、做好,为教育活动营造平等、友好、和谐的氛围,从而使受教育者在潜移默化

---

[1] 潘政:《传承红色基因,建设世界一流军队》,《中国国防报》2018年4月19日。
[2] 《毛泽东选集》第一卷,人民出版社1991年版,第139页。

中自觉接受教育。①

（二）环境熏陶法

所谓环境熏陶法,是指通过创设一定范围的良好风气,营造学习、工作、生活的有利氛围和人际关系,来影响思想教育对象,达到思想教育目的的方法。这一方法是根据官兵的思想必然受周围所处的政治、思想、道德等环境影响而实施的。官兵生活在社会之中,社会的生活方式、思想意识、道德观念、文化水平、人际关系等,对他们的世界观、人生观会起到潜移默化的影响,它具有间接性、隐蔽性、群众性等特点。大别山红色文化强军教育采用环境熏陶法,就是要通过大别山红色文化蕴含的强军因子构建一个健康向上的氛围,促使教育对象受到积极因素的影响,并入脑入心,成为新的积极因素。

大别山红色文化强军教育的环境,是影响广大官兵正确思想形成、发展和教育工作开展的外部因素。按照不同的标准,这个环境可作不同的划分。按照环境的构成要素的性质,大别山红色文化强军教育的环境可分为自然环境和社会环境;按照环境构成范围的宽窄,可分为大环境和小环境;按照物质和精神的标准,可分为物质环境和精神环境。大别山红色文化强军教育运用环境熏陶法,一是要重视环境对官兵思想和行为的影响,要客观地、实事求是地认识环境对官兵思想的影响和作用。二是要善于把握环境中各个因素之间的内在联系。因为环境对官兵的作用是多种因素综合作用的结果,环境中各个因素之间具有内在的联系,有些对官兵的影响是积极的,有些对官兵的影响是消极的,有些对官兵的影响是中性的,大别山红色文化强军教育运用环境熏陶法就是要分清积极因素和消极因素,注重发挥积极因素,克服消极因素,营造以积极因素为主导的良好环境。三是要创造性地开展环境建设,营造教育的良好环境。环境塑造人,人也能改造环境。人与环境之间的作用是相互的、循环往复的过程,也是人们认识环境、改造环境的过程。环境作为一种社会存在,人的意识对环境具有能动性。大别山红色文化强军教育的良好环境不是自发形成的,而是需要通过教育主体、客体共同努力去精心培育的。发挥主观能动性去改变环境、创造环境、优化环境,使良好的环境更好地为大别山红色文化强军教育工作服务。

（三）典型示范法

所谓典型示范法,顾名思义,就是运用正面的典型人物或事件对官兵进

---

① 张永亮:《新形势下军队思想政治工作的创新研究》,西北工业大学硕士论文,2016年4月27日。

行教育和影响,以英雄模范高尚的道德品质和先进事迹为榜样,激励、引导和感化广大官兵。典型示范法将抽象的道理寓于官兵身边具体生动的典型人物或典型事例,极易引起广大官兵情感上的共鸣,吸引他们去对照和模仿,进而起到教育、鼓励广大官兵的作用。大别山红色文化强军教育实施典型示范法,要注意精选典型,要真实可信,要具有感染力。在教育的过程中,切忌空洞说教。典型不是高高在上的神仙,而是有血有肉的生活于特定时代环境中的人,运用典型示范的时候,要接地气,要注重摆事实、讲道理,要以理服人、以事感人;不要拘泥形式,力求顺势而为,俗话说,"花逢时而开,事逢时则成",在进行强军教育时,在主客观条件都基本具备的情况下,选择最有利于解决问题的时机,可以使官兵易于接受、易于折服、易受感染,求得思想共鸣。在进行大别山红色文化强军教育中,采取什么样的态度,运用什么样的方式方法,去感化广大官兵,增强教育效果,这是需要教育者不断进行思索和探究的课题。

第四章 实现大别山红色文化强军价值的方法路径

进入新时代,我军担负的使命任务更加繁重,面对的形势更加复杂,如何在大别山红色文化强军价值实现的原则引领下,运用合适的方法路径具体有效地传承弘扬大别山红色文化,最大限度地彰显承续我军光荣传统和优良作风,成为一个现实而紧迫的课题。要积极发挥大别山红色文化的强军价值,就必须要在实现大别山红色文化强军价值的方法路径上进行深入研究。

第一节 深化教育引导,增强认知力

实现大别山红色文化的强军价值,首要任务是要深化教育引导,增强认知力。这是实现大别山红色文化强军价值的基础性工作。舍此,相关的其他努力就会大打折扣,失去动力。所谓基础不牢,地动山摇。所以,要实现大别山红色文化的强军价值,就要做好基础性工作。

一是要加强对实现大别山红色文化强军价值的领导。打铁还须自身硬。各级党委作为部队实现大别山红色强军价值的领导者和组织者,自身要不断强化理论武装,提高马克思主义理论的水平,掌握强大的思想武器,始终坚持正确政治方向,保证大别山红色文化代代相传、血脉永续。当前,最主要的就是要原原本本、原汁原味、全面系统地学习习近平新时代中国特色社会主义思想、习近平强军思想,以及习近平同志关于弘扬传承红色文化、红色基因的一系列重要论述。按照走在前列的要求,全面学、贯通学、深入学,带头学、带头讲、带头干,给广大官兵做出榜样、立起标杆,迅速兴起学习贯彻的热潮,进一步深刻领悟"两个确立"的决定性意义,增强"四个意识"、坚定"四个自信"、做到"两个维护",贯彻军委主席负责制,自觉在政治上、思想上、行动上同党中央保持高度一致,坚决听从党中央、中央军委和习主席指挥。

　　各级党委要带头认真学习研究大别山红色文化,弄通、弄懂、弄透弘扬传承大别山红色文化对于实现强军的重大意义,把传承弘扬包括大别山红色文化在内的我国红色文化当作长期的战略任务和灵魂工程,念念在怀,驰而不息,久久为功,增强传承弘扬的使命担当。各级党委要把弘扬大别山红色文化列入本单位实现强军目标的工作计划之中,列入每年年度教育计划之中,结合经常性的思想政治教育,加大部队对大别山红色文化的学习、宣扬力度,引导所属单位各部门加以强调和贯彻落实,使所属单位各部门能够引起高度重视,相互协作、密切沟通、加强配合、相互支持、形成合力。在突显大别山红色文化特色基础上,大力开发并持续放大大别山红色文化凝聚精神意志、激发工作动力、推动部队发展的功能,为部队发展注入不竭力量源泉。要充分发挥大别山红色文化蕴含的强军价值,将大别山红色文化融入渗透到加强部队思想政治建设、履行戍边维稳历史使命、坚持依法从严治军之中,全力彰显以文育人、以文化人、以文励人的作用。同时,既要重点用力,更要全盘兼顾。在实际工作中,将大别山红色文化与训练文化、野战文化、安全文化、营院文化、馆室文化、宿舍文化、网络文化、礼仪文化等有机结合起来,形成大别山红色文化与各种文化交相辉映、持续推进的局面,更为有效地实现其强军价值。

　　二是要切实提高部队思想政治工作干部队伍弘扬大别山红色文化的能力素质。建设一支高素质的弘扬大别山红色文化的政工干部、政治理论教员和思想骨干队伍,是实现好大别山红色文化强军价值的重要保证。高素质的队伍,是丰富大别山红色文化展现形式、营造浓厚氛围、打造支撑平台、拓展实践渠道的实践者和主力军,反之,就无法完成好这些强军价值的活动,也无法真正增强教育对象对大别山红色文化强军价值的认知力。

　　要建强这一支队伍,要通过集中辅导授课、研讨交流、个人自学、参观见学等方式,使广大政工干部、政治理论教员和思想骨干学通、弄懂习近平新时代中国特色社会主义思想和习近平强军思想,深入理解习主席关于传承弘扬红色文化、红色基因的一系列重要论述,了解和把握大别山红色文化的形成、内涵及地位作用,深刻领会大别山红色文化的强军价值所在,真正认识到大别山红色文化作为红色文化的一部分,是部队建设的根和魂,是部队发展和实现强军目标的"助推器"和"催化剂"。提升弘扬大别山红色文化的自觉意识,增强实现大别山红色文化强军价值的责任感和使命感,做到能够运用马克思主义的立场、观点和方法来研究大别山红色文化。对大别山红色文化进行深挖细掘,对大别山红色文化基于强军目标的实现进行及时的补充、丰富和完善,不断增强大别山红色文化的历史厚重感。研究和实现好大别山红色文化强军价值的原则和路径方式,在继承创新中增强红色文化的生命力和感染力,使之与时代发展同步、与使命任务融合、与官兵思想共振,使之真正成为引领部队发展和强军目标实现的"助推器"和"催化剂"。在此过程中使得教育者自身的素质和能力水平得到真正提升。

三是要加强理论教育,倾心帮助广大基层官兵增强对大别山红色文化强军价值的认知力。思想政治教育是对官兵进行理想信念教育的主渠道和主阵地。大别山红色文化的丰富内涵为开展思想政治教育提供了良好素材,我们要把大别山红色文化纳入思想政治教育内容,将其作为思想政治教育的有益补充,使大别山红色文化教育制度化、规范化;要制定切实可行的教育方案,通过案例式、专题式、研讨式等教学方式,发挥出大别山红色文化资源在政治教育中的独特作用;要拓展教育的空间、手段,构建官兵交流互动的网络教育平台,推动大别山红色文化教育方式向全时空、交互式、个性化、大容量的方向发展,增强教育的亲和力和感染力,提高官兵参与教育的积极性。当然,随着社会的发展,广大官兵的知识文化水平日渐提高,社会认知以及自我认知能力不断增强,但这并不等于其马克思主义理论水平、政治思想觉悟以及与理想信念相关的人文知识水平也相应提高和增强。因此,必须加大力度进行宣传和教育,以启迪他们的政治思想觉悟和道德觉悟,提高其理论认知水平,最终凝聚为坚定的理想信念等政治思想素质。

在这里,可以充分利用大别山红色文化资源,做好两个方面的工作。一是加大挖掘大别山红色文化的理论深度,端正广大官兵对人类社会历史发展总趋势的认识,提升其理想信念的宏观选择水平。马克思曾说过:"理论只要说服人,就能掌握群众;而理论只要彻底,就能说服人。所谓彻底,就是抓住事物的根本。"[1]二是在提高广大官兵思维水平上下功夫,端正他们对人生意义和生活质量的认识,提升其理想信念的价值取向水平。正确的人生观和价值观,是坚定理想信念的思想基石。一个人确立了正确的人生观、价值观,就必定会以坚定的信念、无畏的精神、坚强的意志、严谨的作风,正视生死、苦乐、荣辱、得失等考验,在社会生活实践中纵横驰骋,以其壮美的行动书写出大写的"人"字。中国古人讲"志当存高远",大别山红色文化中所蕴含的崇高的人生追求和价值取向,具有焕发精神的内驱力、促进团结的

---

[1] 中共中央马克思恩格斯列宁斯大林著作编译局编译:《马克思恩格斯选集》第一卷,人民出版社1995年版,第9页。

向心力和净化心灵的塑造力,与当前理想信念教育的目标是完全一致的,大别山红色文化的教育必将有助于广大官兵树立崇高理想和坚定信念,创造出光辉的军旅生涯。大别山红色文化资源是中华民族优良传统与红色革命精神的结晶。通过开发利用大别山红色文化资源,强化理论输出,把我们党和军队的光辉历史、革命先驱的崇高精神和英雄事迹,作为开展革命军人理想信念教育的珍贵教材,使广大官兵在更加深刻地认识和理解我党我军光荣历史和优良传统中,把践行强军目标、实现中国梦的共同理想信念内化为坚定信仰和执着追求,从而确保理想信念教育的正确政治方向。进而通过深化教育引导,使大别山红色文化基因真正融入广大官兵血脉、浸入骨髓、渗入灵魂,不断强化官兵思想认同、政治认同和情感认同。在此过程中,各级领导尤其是政工干部、政治理论教员和思想骨干要带头学习、带头宣扬、带头实践,让广大官兵在榜样感化下强化对大别山红色文化的信服认同,实现由被动认知到自觉践行的转化。

第二节　丰富展现形式,增强吸引力

实现好大别山红色文化的强军价值,增强大别山红色文化的吸引力,需要有符合广大官兵心理需求的展现形式。现代研究表明,信息接受者在信息传递过程中绝不是被动、消极地接受,而是积极、能动、有选择地去接受。信息接受者之所以要去接触信息传播,是因为受播者有自己的需求,没有接受信息的需要就没有信息传递的发生。① 马克思认为:"任何人如果不同时为了自己的某种需要和为了这种需要的器官做某事,他就什么也不能做。"② 美国著名人本主义心理学家马斯洛将需要分为五个层次,即生理需要、安全需要、归属与爱的需要、自尊的需要和自我实现的需要。③ 信息接受者的需要说到底是一种精神的需要、信息的需要。不同的受众群体会有不同的需求,不同的受众因其自身的价值观、教育背景、个人爱好、年龄等因素也会产生不同的需求。所以在考虑大别山红色文化的展现形式的时候,就要很好地把握广大官兵的心理需求。

---

① 白全贵等:《信息传播:穿梭时空的无极之旅》,军事科学出版社2003年版,第45—52页。
② 中共中央马克思恩格斯列宁斯大林著作编译局编译:《马克思恩格斯全集》第三卷,人民出版社1960年版,第286页。
③ 〔美〕马斯洛:《人的动机理论》,载林方主编《人的潜能和价值——人文主义心理学译文集》,华夏出版社1987年版,第176页。

第一，要把握好广大官兵了解我军历史和奋斗历程的求知心理，使他们在接受大别山红色文化的过程中，心灵得以净化，不断超越自我，实现价值观的升华。第二，要把握广大官兵了解我军光荣传统和优良作风的求真心理，使他们在接受大别山红色文化的过程中得到渴望的精神激励，吸取强军的力量。第三，要把握广大官兵在快乐的心情中接受大别山红色文化的心理，寓教于乐，提高青年官兵的思想、文化、道德素质修养。

在注意把握广大官兵心理需求的同时，还要注意把握他们的选择性行为。一般而言，信息接受者的选择性行为包括选择性注意、选择性理解、选择性记忆。在媒介技术高度发达的今天，大别山红色文化的展现形式必须要与广大官兵的选择性行为相契合。作为组织者和施教者，要善于抓住广大官兵的兴趣和爱好，通过丰富多彩的形式，赋予大别山红色文化以时代感、人性化、生活气息，增强其表现力、吸引力、感染力、可信力。只有这样，才能更好地使广大官兵乐于接纳、记忆、践行其中蕴含的丰富信息。另外，还要注意克服信息传递过程中广大官兵接受大别山红色文化的逆反心理，使展现形式贴近时代、贴近生活、贴近广大官兵，消解他们在接受大别山红色过程中可能产生的怀疑、反感、抵触乃至不信任感。

所以在展现大别山红色文化，突出其强军价值的过程中，应该要将传统的展现形式与现代的展现形式综合运用，使大别山红色文化得以全方位、多角度、相互融通、相互补强、丰富多彩地展现出来，更好地服务于强军目标的实现。具体而言，主要可以通过以下方式进行展现。

一是通过显现大别山红色文化要素的实体来进行展现。这方面涉及新民主主义革命时期大别山地区我军进行军事斗争的遗址、遗迹，中华人民共和国成立后由各级政府建立的反映新民主主义革命时期我党我军斗争情况的纪念馆、展览馆以及烈士陵园等。将现在分散在鄂、豫、皖三省的这些物质层面的遗址、遗迹和建筑，发掘出来，整合起来，重视采用声、光、电、影视、动漫、场景模拟、电脑写真等现代化传媒技术手段，将文图声像并茂、栩栩如生的红色文化资源再现在参观者面前，增强视听效果和感染力，形成一个跨越鄂、豫、皖三省的系统的、有形的、立体的大别山红色文化的固态情景化展现形式。将这些展现形式与红色旅游结合起来，可以充分突显其展现的优势。同时这些固化的展现形式，可以通过现代虚拟的技术，在互联网上以交互、虚拟、全息的方式进行展示，使得广大官兵可以足不出户，通过上网就能浏览大别山区各个红色遗址、遗迹、基地景点或展馆，就能开展大别山红色文化论坛交流，就能交流学习经验体会。随时随地都可以接受大别山红色文化的宣传教育、感染熏陶，尽情享受大别山红色文化的"精神大餐"。

二是通过文献作品来进行展示。文献作品因其真实性和客观性,而具有极强的感染力和震撼力。中央新闻电影制片厂在中华人民共和国成立前就开始制作文献片,给我们留下了大量珍贵的历史镜头。中华人民共和国成立以来尤其是改革开放以来,文献作品的制作进入黄金时期,除了影片,大量的文献电视片也相继推出。如大型文献纪录片《毛泽东》《周恩来》《邓小平》等,播出后引起社会各界的强烈反响,获得了极高评价。中央电视台、《人民日报》等各大中央媒体共同推出文献性栏目《永远的丰碑》以及其子栏目《抗日英雄谱》等,自推出后,也是好评如潮,引起社会巨大反响。所以可以有针对性地加大军地双方联合创作的力度,通过高品质文献作品的制作来反映新民主主义革命时期大别山地区我党我军斗争的情状,充分展现大别山红色文化的特质,增强其影响力。

三是通过改编创作红色经典来进行展示。自大别山区中国共产党组织成立以后,广大文艺工作者在不同的历史时期相继创作了一批红色经典作品。"红色"意味着这些作品与坚定的革命理想和豪迈的战斗精神紧密联系,象征着一种深入骨髓的情操,并带有一些理想主义的情愫;"经典"则意味着这些作品本身的不可超越,它必然是经得住时间考验、具有永恒价值的东西,它们不会因为历史的变迁而失去意义。这些红色经典包括歌曲、诗歌、民谣、散文、小说、话剧、戏曲、电影、电视剧,等等,比如经典歌曲《八月桂花遍地开》就是典型代表。

四是通过新媒体进行展示。所谓新媒体是利用数字电视技术、网络技术,通过互联网、宽带局域网、无线通信网、卫星等渠道,以及电脑、手机、数字电视终端等媒介向用户提供信息和服务,其最常见的形式就是数字媒体和网络媒体。例如手机媒体、电子报、交互网络电视、数字电视、移动电视、博客、播客、微信等。新媒体是传统宣传媒介的新发展,它区别于以往的传统媒介的特点是在它的新技术和新形式上。新媒体是多种传播技术、传播形式的综合应用,并且呈现出技术更新速度快、受众参与广泛深入的特征,它的互动式信息传递优势更是传统媒介无可比拟的。大别山红色文化的展现,要充分利用发挥新媒体的优势资源,拓展展现形式,打破时间和空间的限制,弥补现有文化传播体系的不足,进一步拉近广大官兵与大别山红色文化的距离,使广大官兵可以随时随地地接触到大别山红色文化,渗透进广大官兵生活学习训练的方方面面、角角落落,具体可以通过制作和运用红色动漫、红色微电影、红色网络旅游大赛、红色微信、红色微博等方式来展示。比如可以设置一些以大别山红色文化为背景和内容的活动,既能让广大官兵感觉到新颖,还能让他们在轻松、愉悦的氛围中感知了解和理解大别山红色文化。可以通过制定切实可行的活动奖励制度,吸引更多的青年官兵加入活动当中。再如红色微电影,它是微电影与红色文化相结合的传播方式,比起碎片化的微博等信息更显丰满,比起大制作的磅礴史诗型电影又更显精华。对于大别山红色文化中的典型形象,微电影又能够很好地抓住人物的性格矛盾塑造形象。因其短小精悍的特点,又适合在移动状态和短时间休闲时观看。所以,相对于"严肃""大型"的红色文化电影,红色微电影可以让广大官兵在"零碎"的时间和愉悦的心境中接受大别山红色文化的熏陶。

第三节 营造浓厚氛围,增强感染力

马克思指出:"人创造环境,同样,环境也创造人。"①军营是广大官兵学习、训练和生活的主要场所。营造浓厚的大别山红色文化气息,能给广大官兵带来深入持久的熏陶。大别山红色文化具有很强的思想性和感染力,能展现革命精神和优良传统,激发军人的荣誉感、使命感,对官兵有着很强的吸引力和感召力。军营文化是强军目标教育的有机载体,将大别山红色文化融入军营文化,以大别山红色文化充实军营文化内涵,可以开创出军营文化建设的新思路。要营造大别山红色文化的传播氛围,需要通过回顾新民主主义革命时期大别山红色革命历程,深入挖掘大别山红色文化,提炼其中的主流价值取向,使官兵身处大别山红色文化的包围之中,以此引领其价值追求,净化灵魂,坚定理想信念,自觉抵制各种腐朽思想的侵蚀,确立实现强军目标的主体地位,确保官兵在多元之中有主导、多样之中有主体、多变之中有主见,提高强军目标的培育效果。营造氛围要体现时代特色,需要注重传承与创新相结合,把大别山红色文化运用于军营文化生活建设,渗透到日常管理教育,融入军政训练,发挥大别山红色文化"润物细无声"的影响和作用,使大别山红色文化内含的优秀革命品质、军事文化和思想作风内化为广大官兵的思想道德品质和理想信念追求。

要营造浓厚氛围,重在营造浓厚的政治氛围。坚持把软环境建设摆到与硬件设施同等重要地位,充分发挥各级组织的领导作用,动员部队各级齐抓共管,鼓励广大官兵人人参与,形成全域渗透、全员覆盖的大别山红色文

---

① 中共中央马克思恩格斯列宁斯大林著作编译局编译:《马克思恩格斯文集》第一卷,人民出版社 2009 年版,第 545 页。

化建设局面。要营造浓厚氛围,需要建设以实现大别山红色文化强军价值为核心的营园环境。一是将体现大别山红色文化精髓的硬件设施建起来。可以在营园设置反映大别山红色文化的灯箱、横幅、标语、板报、墙报、宣传栏、石雕、电子显示屏、文化走廊或悬挂英模画像等,将教育内容具体化、形象化和生动化,使广大官兵在潜移默化中汲取营养。二是依托部队的报刊、军网和闭路电视网,开设宣扬大别山红色文化的专栏、专题节目,建立大别山红色文化网站,播报和刊载战例及战争史实。大力宣传大别山红色文化,弘扬革命精神和优良传统,使广大官兵随时随地受到教育。特别值得一提的是,随着网络进入军营,官兵的交流渠道和视野大大拓宽了,网络凭借视听一体、直观形象、信息量大、内容丰富、传播快捷等优点,带给官兵全方位、多维度的感受,极大地满足了官兵对知识信息的需求,丰富了他们的精神世界。官兵通过新媒体极大限度地获取信息,寻求解决现实问题的方式和思路;通过电子邮件、网络聊天,实现感情沟通和社会交往;通过论坛、短信、微博,充分地表达自己的思想,展现自我个性,加强与社会的联系。建立大别山红色网站,积极占领网络阵地,把大别山红色文化所蕴含的坚定理想信念、英勇的斗争精神、崇高的革命追求以喜闻乐见、生动活泼的形式融于网站的建设,让大别山红色文化的精神内核依托网络载体渗透到官兵的思想意识,内化为革命军人的道德品质和精神力量。三是搜集整理挖掘各种大别山红色文化教育资源,单位的图书馆、资料室可购置与大别山红色文化相关的图书资料;利用营园文化广场,举办大别山红色文化专题展览,展出革命历史照片;组织主题演讲和大别山红色文化竞赛等活动,让广大官兵"重温革命历史,追记英雄事迹",使广大官兵在启发中自觉树立正确的理想和信念。四是把大别山红色文化纳入部队日常思想政治活动和主题教育活动中。各相关单位可组织开展广泛的文化活动,放映革命战争影片,组织革命歌曲演唱活动,进行黑板报评比,举办文艺晚会,组织辩论赛等,使大别山红色文化的宣传氛围浓厚起来。五是各单位可利用重大红色历史事件纪念日,如五四运动周年纪念日、建党周年纪念日、建军周年纪念日、长征胜利周年纪念日、抗战胜利周年纪念日等契机,展开大别山红色文化的宣传教育,使广大官兵身处红色营园环境,遨游在大别山红色文化的海洋里,如此一来大别山红色文化内含着的共产主义理想、信念、价值、情感与道德力量等必然就会对他们产生潜移默化的影响。六是运用信息技术,将大别山红色文化资源整合起来,建构大别山红色文化教育模拟仿真系统,使广大官兵能在"足不出户"的情况下身临其境地融入其中,零距离接受大别山红色文化的熏陶。

另外,将大别山红色文化融入军营的各种仪式中,也是营造实现大别山红色文化强军价值浓厚氛围的重要方式。美国教育家詹姆斯·W. 凯瑞曾提出一个重要概念——传播的"仪式观"。① 传播的"仪式观"认为传播不是分享信息的行为,而是共享信仰的表征,强调文化的共享,目的在于维系一个社会。在"仪式观"中,传播的主体都是平等的参与者,大家共同参与、共同体验、共同建构"仪式"。作为"仪式"传播最基本的作用在于确认。大别山红色文化的强军价值的信息传递具有自身规律,它有宏大的精神指向,具有崇高感和神圣感,与"仪式观"中的"共享信仰"部分具有天然的内在联系。我们可以借鉴传播学中的"仪式观"理论,将大别山红色文化的"仪式化"传播在更大范围内并持续性地进行,从而"确认"共同信仰。如入伍仪式、演训动员仪式、出征仪式等,广大官兵通过参与这些活动而形成一个特定的共同场域,在这个场域中大家共同参与、共同体验,构成了特定的"仪式"。广大官兵因为对仪式的共同参与,能够更加深刻地感受当年革命先烈对党忠诚、不畏牺牲、英勇战斗的品性和精神,增强认同感,进而自觉投身于火热的强军实践当中。

第四节　打造支撑平台,增强传播力

传播是大别山红色文化赖以存在、发展和价值实现的重要条件。第一,传播是大别山红色文化诞生、存在与发展的重要手段。大别山红色文化只有通过传播才能实现继承,只有在传播的过程中,才能得以被受众接触、理解、内化,才能实现大别山红色文化自身的发展创新。离开了传播,大别山红色文化就失去了继承发展的基础。第二,传播是大别山红色文化价值实现的重要手段。大别山红色文化的强军价值只有在传播的过程中与广大官兵相结合,实现大别山红色文化精神内核中的思想观念、价值观点、道德原则、价值观念对广大官兵的渗透,完成对广大官兵的内化,才能实现其强军价值。传播是大别山红色文化强军价值实现不可缺少的重要环节。第三,传播技术和传播支撑平台直接影响大别山红色文化传播的广度和深度。历史反复证明,传播技术和传播支撑平台的每一次突破性发展,其产生的影响不会仅仅局限于传播领域,而是影响到人类社会生活的方方面面。当今社会,谁拥有先进的传播技术和传播支撑平台,谁就能在文化传播中占据优势

---

① 〔美〕詹姆斯·W. 凯瑞:《作为文化的传播》,丁未译,华夏出版社2005年版,第4页。

地位。所以,在现有传播技术条件下打造强大的大别山红色文化传播支撑平台对实现其强军价值极为重要。打造传播大别山红色文化的支撑平台,可以军地合作,联手打造,有针对性发挥大别山红色文化的强军价值。

一是建立一个横跨鄂、豫、皖三省,集研究和传播于一体的大别山红色文化研究论坛。通过这个平台,一方面加强三省大别山红色文化研究人员和研究机构的充分合作,深度挖掘大别山红色文化,推动大别山红色文化事业不断向前发展;另一方面进行大别山红色文化的有效传播。目前,横跨鄂、豫、皖三省"大别山红色文化研究论坛"已于2015年初步搭建,并由原陆军军官学院大别山红色文化研究所、河南省红色文化资源中心和黄冈师范学院大别山红色研究中心分别举办了多次研讨活动,在大别山地区乃至全国产生了较大影响。目前"大别山红色文化研究论坛"正向有序、持续的方向发展。作为军队可以通过这个平台的运作,不断提升大别山红色文化研究的深度、广度和传播的力度,将实现大别山红色文化的强军价值从广度和深度两个维度向前推进。

二是重视建设大别山红色文化教育基地。建立建好大别山红色文化教育基地是增强大别山红色文化传播力的重要途径。在这一方面,可利用军地合作,进一步做好鄂、豫、皖三省大别山红色文化资源的普查和规划。在摸清分布现状和保存现状的基础上,对革命纪念馆、革命博物馆、革命陈列馆、革命展览馆、革命烈士陵园、红色遗址、红色遗迹等的建设进行统筹规划。抓好重点革命纪念馆、革命博物馆、革命陈列馆、革命展览馆、革命烈士陵园、红色遗址、红色遗迹等的改建、扩建项目,积极支持具有重大政治历史意义的革命史迹纪念馆和革命烈士纪念建筑的保护维修及基础设施建设。要改善革命纪念馆、革命博物馆、革命陈列馆、革命展览馆、革命烈士陵园藏品保管、陈列展览等的基础设施和防火、防盗等安全防范设施。逐步更新陈列展览设备,提高宣传教育效果。对政府兴办的革命纪念馆、革命博物馆、革命陈列馆、革命展览馆、革命烈士陵园等公益性事业单位的建设,应给予经费保证。要注意革命纪念馆、革命博物馆、革命陈列馆、革命展览馆、革命烈士陵园等单位环境的优化、美化,营造有利于开展强军教育的良好氛围,烘托其神圣、庄严、肃穆的气氛。对与革命旧址、革命纪念建筑等环境气氛不相协调的经营活动和娱乐设施,要坚决进行清理整顿。要大力加强大别山红色文化教育基地建设,构筑合作系统,促进基地建设向规范化、制度化、联动化、共享化的方向发展。同时相关部队与各纪念场馆做好对接和共建工作,有效利用这个平台,真正发挥好大别山红色文化的强军价值。

三是搭建传播大别山红色文化的网络教育平台。网络具有便捷性、广泛性等特点。当前,网络已成为广大官兵获取信息、了解世界、学习知识的重要平台。增强大别山红色文化的传播力,有效提升其强军价值,应高度重视大别山红色文化资源在网络思想政治教育中的运用,为广大官兵搭建大别山红色文化的网络教育平台。可以建立大别山红色文化网络教育室。依托军网,整合相关专业力量,建立网络教育室,并实行专人负责,让大别山红色文化在网络上广泛传播,让网络教育室切实成为开展大别山红色文化强军教育的重要平台和基地。可以开设大别山红色文化网络论坛,让广大官兵在网络上交流思想、抒发情感、建言献策。在相关的纪念日应开设网络专版,配合强军实践设置论题,让广大官兵广泛参与讨论。可以开办电子报刊。电子报刊图文并茂、内容丰富、页面精美,对广大官兵极具吸引力。应让广大官兵积极参与,通过收集资料、整理文章和撰写评论等方式,在工作的同时受到强军教育。同时大别山红色文化的网络传播可以设置一些网络课堂方面的内容,例如聘请一些具有一定理论造诣、能生动有趣地讲述大别山红色文化、深入浅出地解读大别山精神的专家、学者等借助视频讲解大别山红色文化,或者是一些经历过大别山地区革命斗争的人士来回忆讲述当年的革命故事和斗争历程,使广大官兵在与传播者的交流中了解大别山红色文化。

四是在日常思想政治教育活动中定期设置大别山红色文化讲座和讲坛,来传播大别山红色文化。大别山红色文化是思想政治教育的重要且不可或缺的资源。利用日常思想政治教育活动中设置的讲座或讲坛,定期邀请专家教授,阐释大别山红色资源所蕴含的科学思想观念、正确政治观点、高尚道德情感、良好心理素质和健康审美情趣,对广大官兵进行传统教育和文化熏陶。通过讲座或讲坛,积极推进大别山红色文化资源进课堂、进教案、进头脑工作,实现大别山红色文化的强军价值。

五是建立基层官兵自己的教育平台。基层官兵既是大别山红色文化强军教育的对象,也是教育的主体。全面调动基层官兵积极性、主动性,充分发挥他们的主观能动性,建立基层官兵自己的教育平台,让他们充当教育主体。基层官兵通俗的语言、真挚的情感和感悟,更加易于感染人,更能对教育对象发挥潜移默化的作用,更具说服力和针对性。将基层官兵请上讲台,通过开展"大别山红色故事我来讲""大别山红色歌曲唱起来""我眼中的大别山革命英雄"等系列活动,让他们以讲故事、讲感悟的方式来宣扬大别山红色经典、红色传统,让他们用自己的视角来解读大别山革命先辈的英勇斗争史,通过他们自己的平台实现互相教育。当然,在此过程中,我们要帮助官兵先去了解相关的知识和内容,这些红色印记在潜移默化中将牢牢地

"钉"在官兵心中,慢慢地在官兵中间扩延开来。

实际上,在军队内部打造的传播大别山红色文化的支撑平台还有许多,只要我们用心挖掘,善加运用,就一定能够发挥好大别山红色文化的强军价值。

第五节 拓展实践渠道,增强转化力

拓展大别山红色文化强军价值教育的方法,是发挥大别山红色文化强军价值的重要原则之一。毛泽东同志曾经形象地把方法比作过河的船和桥,他曾说过,不解决方法问题,任务也只是瞎说一顿。① 在大别山红色文化强军实践中要贯彻一个"活"字,重点是要实现方法上的拓展。大别山红色文化为中国革命胜利做出了重要贡献,在中国革命历史中有着不可磨灭的影响和地位。盘活得天独厚的革命历史资源,也是我们拓展大别山红色文化强军价值具体方法和实施手段的基本立足点。这就要求我们要用活大别山红色文化的人文资源和情境资源。从土地革命战争、抗日战争,一直到解放战争时期,大别山区走出了许多为人民解放及中国建设做出巨大贡献的仁人志士和杰出人才。大别山红色文化中这些突出的人文资源,体现的正是老一辈革命家永远忠于党、忠于革命的精神,以及万众一心、不畏强暴、英勇顽强、百折不挠、行动果敢的革命传统,同时这些人文资源也可以为今天的理想信念教育指明方向。在情境资源方面,可以运用情景感染,调动教育对象的情感共鸣。作为大别山红色文化的强军教育者不能仅仅扮演复读机或传声筒的角色,在实际的强军教育中必须倾注激情,充分调动教育对象的情感共鸣,使理想信念教育的受众——广大官兵更容易被大别山红色文化的精神内涵所吸引,更加容易接受大别山红色文化精神内涵的熏陶。

要将大别山红色文化资源转化为官兵强大的精神动力,就必须围绕大别山红色文化组织开展各种活动,拉近官兵与大别山红色文化的距离,让大别山红色文化走进官兵的心灵,激发官兵学习大别山红色文化的热情。具体来说,要通过组织官兵参观革命博物馆、革命纪念馆、革命展览馆、革命烈士陵园以及伟大故居等"红色基地",瞻仰革命先烈塑像、革命先烈遗物,体验革命征程,了解大别山红色文化,缅怀革命先辈在这片红色土地上创造的不朽业绩,重温我党我军的光荣传统和优良作风,感悟先辈的革命精神。要

---

① 《毛泽东选集》第一卷,人民出版社 1991 年版,第 139 页。

组织广大官兵走进大别山红色文化教育基地，举行军人入伍宣誓、入党入团宣誓、誓师大会等活动，使官兵的心灵受到震撼和感染，激发他们的使命感、责任感和荣誉感。通过撰写观后感、研究讨论、演讲比赛等方式，让官兵回味、反思，使大别山红色文化对官兵心灵产生强大冲击，在心灵深处引起共鸣，使他们深刻认清革命军人忠党报国的政治本色，进一步端正价值追求，坚定当好革命传人的决心，并把这些作为内在的信仰去坚守，作为政治使命去履行。

要将大别山红色文化强军教育融入广大官兵强军兴军的伟大实践中，才能让大别山红色文化永葆活力、经久不衰。开展大别山红色文化强军教育，首先，要在实践中把军事训练、岗位竞赛和急难险重任务作为实践抓手和切入点，努力将大别山红色文化强军教育与部队训练、岗位竞赛和完成重大任务相互衔接、无缝对接。切实发挥大别山红色文化的导向功能、激励效果、催化作用，形成强军教育与强军实践双赢的良好格局。其次，要结合部队广泛开展的争当精武尖兵、争破训练纪录、争做攻关能手、争夺比武红旗活动，以及组织的同单位对抗赛、同岗位对手赛、同科目擂台赛等赛事，将大别山红色文化的基因贯彻其中，持续激发"平时不服输、战时敢拼命"的虎虎生气。再次，要将大别山红色文化强军教育贯穿于部队急难险重任务和实兵对抗演练中，进一步强化广大官兵在挑战极限时的心理意志，培养顽强作战的自觉性和坚韧性。自觉在"真、难、严、实"的险境危局中培塑不畏难、不怕苦、不惧死的血性胆气，做到生死面前豁得出去、困难面前挺得过来、强敌面前硬得起来，更好塑造自身爱军习武、履职尽责、践德修身的行为规范。最后，在强军兴军实践中，通过长期培养，使大别山红色文化基因在广大官兵中间内化于心、外化于行。

第五章 大别山红色文化强军价值实现的评估

传承弘扬好大别山红色文化,须遵循相关的原则,按照切实可行的方法路径,才能顺利达成为实现强军目标助力的效果。那么,在实际工作当中,传承弘扬工作做得怎样、成效如何,还需要进行实事求是、准确科学的评估,通过评估来总结经验,找出差距,从而克服教育方法路径的不足,发挥经验的优势,更好地展现出大别山红色文化的强军效用。有关大别山红色文化强军价值实现的评估,就实际情况而言,就是根据大别山红色文化强军价值实现的要求以及评估对象的实际去确立评估的内容和指标体系的,通过正确准确的信息反馈,对大别山红色文化强军价值实现的过程和效果做出实事求是的分析,进行定性、定量的评价。构建大别山红色文化强军价值实现的评估体系,要有明确的标准、正确的原则、适当的范围、科学的方法、合理的指标。

第一节 大别山红色文化强军价值实现的评估标准

要对部队传承弘扬大别山红色文化是否很好地达到了助力强军目标实现进行评估,首先需要确立评估或评价的标准。至于确定什么作为评估或评价的标准,这要与部队建设、部队思想政治建设以及传承弘扬大别山红色文化的根本目标和任务要求相一致。通过分析判断,使大别山红色文化弘扬传承工作更好地完成,实现好大别山红色文化强军价值自身的任务和使命。评估的标准从总体上看可以从两个方面确立。

一、政治性标准

政治性标准,是大别山红色文化传承弘扬工作评估体系首先要遵循的基本标准。我军是党绝对领导下的人民军队,传承弘扬大别山红色必须坚持以党的路线方针政策为依据,回答和解决各种现实思想问题。当前,就是要把大别山红色文化的传承弘扬与学习贯彻习近平新时代中国特色社会主义思想和习近平强军思想结合起来并作为首要政治任务,在党委中心组学习、部队思想政治教育、院校教育教学中突出出来,切实用以武装头脑、指导实践、推动工作,确保部队绝对忠诚、绝对纯洁、绝对可靠,通过传承弘扬工作,确保广大官兵在理想信念上忠贞不渝,坚定对马克思主义的信仰、对中国特色社会主义的信念、对改革开放和社会主义现代化建设的信心、对以习近平同志为核心的党中央的信赖,坚信中国梦和强军梦一定能够实现,并自觉为之奋斗。在价值追求上要坚定执着,不忘初心,始终把党和人民的需要作为奋斗目标,把人民利益放在高于一切的位置,与人民心心相印,与人民同甘共苦,与人民团结奋斗。在方向原则上要立场鲜明,坚持党对军队绝对领导的根本原则和全心全意为人民服务的根本宗旨不动摇,贯彻执行党的理论和路线方针政策不动摇,在大是大非面前始终头脑清醒、立场坚定。确保广大官兵自觉听党话,铁心跟党走。坚守当代革命军人的精神家园,抵制错误思想观念的侵蚀影响,巩固和发展团结友爱和谐纯洁的内部关系。在作风上坚持艰苦奋斗,坚持求真务实,坚持雷厉风行令行禁止,反对不良风气和腐败行为,把依法治军、从严治军的要求落到实处。确保部队广大官兵深刻领悟"两个确立"的决定性意义,增强"四个意识"、坚定"四个自信"、做到"两个维护",贯彻军委主席负责制,始终在政治立场、政治方向、政治原则、政治道路上同党中央、中央军委和习近平主席保持高度一致。一切行动听从党中央、中央军委和习近平主席指挥,在党和人民需要的时候靠得住、过得硬、冲得上、打得赢,在人民危难之际挺身而出、勇挑重担,坚决完成党和人民赋予的各项任务。这既是传承弘扬大别山红色文化要达成的目标,也是大别山红色文化强军价值实现的重要评估标准。

二、战斗力标准

提高部队战斗力是军队一切工作的出发点和落脚点,也是评估大别山红色文化强军价值实现效果的根本标准。这是因为它有着客观的普遍性和特殊性要求。普遍性表现为,战斗力是军队多种要素的综合体现,涵盖了军队建设的方方面面,既有物质的形态,也有精神因素,两者必须在战斗力标准基础上统一起来。特殊性表现为,大别山红色文化的传承弘扬,其作用主要体现于意识形态领域的引导和精神力量的提供,诸如敢于斗争的英雄气概、勇猛顽强、百折不挠的战斗作风,一不怕苦、二不怕死的血性胆魄,高度自觉的严明纪律,等等,这些都是战斗力的重要组成部分。大别山红色文化强军价值实现的根本评估标准就是战斗力标准。通过传承弘扬大别山红色文化,继承和发扬新民主主义革命时期大别山区军民敢打善战的优良传统和强大战斗基因,不断提高广大官兵打赢能力。可以更好地培育"有灵魂、有本事、有血性、有品德"的新时代革命军人,锻造具有"铁一般信仰、铁一般信念、铁一般纪律、铁一般担当"的过硬部队,确保部队召之即来、来之能战、战之必胜;可以确保广大官兵更好地牢固树立战斗思想,不断砥砺英勇无畏、敢打必胜的战斗精神和意志品格,克服精神懈怠危险,始终保持军人血性,做到脑子里永远有任务、眼睛里永远有敌人、肩膀上永远有责任、胸膛里永远有激情,始终保持枕戈待旦精神状态,时刻准备为祖国和人民去战斗,确保一旦有事能够迅即行动、决战决胜。战斗力问题,本质上是人与武器结合的内化和外化的最佳效能问题,传承弘扬大别山红色文化在这当中发挥着极其重要的作用。只有坚持战斗力标准,才能体现出大别山红色文化强军价值和弘扬传承的归宿。

第二节　大别山红色文化强军价值实现的评估原则

对大别山红色文化强军价值的实现效果进行评估,既是传承弘扬大别山红色文化工作本身的重要环节,又是这项工作目标实现的外在动力。要做好这项工作,必须遵照一套规范、科学的原则。

一、方向性原则

大别山红色文化强军价值实现效果的评估,既是一个价值判断过程,也是一种有效的引导式教育手段。大别山红色文化传承弘扬的整个过程,从开始到结束,其中的每一环节都会给受评者以不同程度的教育引导。因此,在构建评估指标体系时,必须坚持方向性原则,瞄准大别山红色文化强军价值实现效果的评估标准,紧扣强军目标的实现,紧扣"有灵魂、有本事、有血性、有品德"的新时代革命军人培育和"铁一般信仰、铁一般信念、铁一般纪律、铁一般担当"的过硬部队锻造。通过评估活动,全面贯彻习近平强军思想,使广大官兵的思想言行朝着党和人民期待和要求的方向发展,增强大别山红色文化传承弘扬工作的实际效果。

二、整体性原则

在设计评估指标要素时,要注意从系统全息的角度去完整、多维、全面、准确地反映大别山红色文化强军价值的实现状况。因为每一个指标要素都是大别山红色文化强军价值实现的某一个方面投射,因此只有把握整体的指标,才能全面构筑并呈现大别山红色文化传承弘扬工作的目标。大别山红色文化传承弘扬工作是一项高度契合、紧密联系、环环相扣的精密系统,评估工作是这个系统中不可缺少的重要一环,其体系覆盖了大别山红色强军价值目标的实现工作是否偏离,内容是否恰当,方法是否实用,施教者和广大官兵的沟通是否良好,广大官兵的思维水平、政治理解能力与执行能力是否提高等各个方面。① 如果人为不切实际地过分强调某一项指标要素,而忽视另一项指标要素,评估结果的可信度就会大打折扣。因此,在设计评估指标时,必须透彻地理解和把握各个指标要素,以确保指标要素的设计正确、准确、全面,不出遗漏和欠缺,确保大别山红色文化强军价值的实现存在于各个评估指标要素的总和之中,体现于整体完备性的指标体系之中。

三、操作性原则

所谓操作性原则,是指评估指标的阐释能够形象化地为教育的主客体所感知,指标内涵可以被检测、考量和认识,从而得到一手信息,通过客观、科学的评估而转化为指向性确凿的一个基本看法。②第一,要有可测性。大别山红色文化强军价值实现的评估要遵循马克思主义认识论和实践观,从可测的指标着手。大别山红色文化传承弘扬工作的直接作用对象是广大官兵的思想,而广大官兵的思想有无变化、所起积极变化有多大,我们不能进行直接的观察或测量。但是我们可以通过间接测量去获得,因为人们的思想最终要在其行为中表现出来,可以采用观察来测量人们的行为、态度,进而分析其思想状况,使抽象的思想具体化,成为可测性的指标。第二,要有可比性。一方面,在提出一项指标的同时,必须确定相应的可比尺度,只有按照一个尺度的要求才能做出比较和区别,才能发现比较物之间的差异;另一方面,受评对象之间评价的内容属性必须保持质的一致,内容属性如果不一致就无法得出科学的结论。第三,要具有可接受性。其一是我们所设立的指标必须符合军队的实际;其二是按指标要求进行评估必须有可行性,在

---

①② 龙秋帆、赵彬:《部队思想政治教育科学评估机制建构的逻辑考察》,《军事交通学院学报》2017年第1期。

评估前,应当要认真思考实施评估的方案是否可行,要进行认证和检验,以确保评估指标的科学性和合理性。

四、效益性原则

效益性原则是分析评估成果教育产出的收益性依据。突出构建科学评估体系的效益原则,其目的就是要降低评估成本。如果教育评估投入的人力、物力和时间过多,以至影响到部队演训和各项工作的开展,那么评估工作就不会被广大官兵认可,就不会为广大官兵所欢迎,评估工作就不能顺利有效地展开。因此,我们在构建评估体系时,必须要尽量做到简单易行,充分考虑考核效益,把大别山红色文化传承弘扬工作和结果作为事实依据,将动态与静态相结合,将日常工作与阶段性测评相结合,将定性分析与定量评估相结合,有效提升大别山红色文化传承弘扬工作的性价比。

第三节 大别山红色文化强军价值实现的评估对象

从结构上看,大别山红色文化强军价值的实现,涉及传承弘扬大别山红色文化的组织机构、主体、过程、客体和环境等对象,与此相对应,大别山红色文化强军价值实现的评估范围理所当然要涵盖这些方面。

一、对组织机构的评估

弘扬大别山红色文化、传承红色基因,是我军思想政治教育工作的题中应有之义,是其重要组成部分,是培养"四有"新时代革命军人和锻造"四铁"过硬部队,实现强军目的的重要途径。军队各级党委(支部)以及政治工作部(处),是大别山红色文化传承弘扬工作的领导者和组织者,对传承弘扬工作负有决策、实施和检查督导的权力,因此,其工作质量的好坏直接影响着传承弘扬工作的效果,决定着大别山红色文化强军价值能否顺利高效地实现。对组织领导部门的评估包括:对传承弘扬工作的计划制订及落实情况的评估,对计划检查督促情况的评估,对传承弘扬工作的组织领导、制度管理的评估,对传承弘扬教育队伍建设、环境条件建设方面的评估等。

二、对主体的评估

对大别山红色文化传承弘扬工作的主体进行客观全面的评估,是提高传承弘扬工作有效性不可或缺的重要环节。部队大别山红色文化传承弘扬工作的主体,主要是由专职政工干事、政治理论教员和一定数量的机关干部及基层政工干部、思想政治工作骨干相结合而组成。这支教育队伍在大别山红色文化传承弘扬工作中居于主导地位,发挥着积极的作用。

对传承弘扬工作主体的评估主要是对这支教育队伍的素质和教育效果的评估。前者主要是对这支教育队伍的结构是否合理,教育能力和科研水平的强弱,培养培训情况的好坏,以及这支队伍的政治素质、思想素质、道德素质、智能素质和心理素质是否合格等做出正确的评价;后者主要是通过这支教育队伍的施教,对传承弘扬工作是否达到了预期的强军价值目标,是否提高了广大官兵的思想政治素质和能力素质等做出的判定。

三、对过程的评估

对部队大别山红色文化传承弘扬工作过程的评估,主要是考察传承弘扬工作是否符合思想政治教育的规律,工作计划是否科学合理,是否坚持了目标性、层次性、可行性、连续性、差异性等标准,教育内容是否符合强军要求,传承弘扬的工作过程是否正规有序。大别山红色文化传承弘扬的工作过程评估的具体内容主要有:对传承弘扬工作的目标、计划落实情况的评估,对弘扬传承的内容实施情况的评估,对教育教学活动和质量管理情况的评估,对传承弘扬过程中各项措施保障情况的评估等。

四、对客体的评估

对客体的评估,也就是对部队接受大别山红色文化强军教育的广大官兵的评估,这也是大别山红色文化强军价值实现的评估过程中不可缺少的重要步骤,是一个十分重要的环节。在这个环节中,必须坚持马克思主义的基本观点,运用马克思主义的立场、观点和方法,依据评估的标准、评估的原则、评估的理论和方法等,对接受大别山红色文化强军教育的广大官兵进行实事求是的评价。大别山红色文化强军教育的根本任务在于更好地将广大官兵培育成"四有"新时代革命军人,所以对强军教育客体的评估,可以通过对广大官兵的政治素质、理论素质、思想素质、道德素质、智能素质、身心素质等的评价,来衡量大别山红色文化强军价值实现的实际效果。

五、对环境的评估

大别山红色文化强军教育的环境从总体上看,主要包括内环境与外环境。所谓内环境是指由人(部队的官兵)和物组成的内部环境。外环境是指与军队内环境相对应的外部环境。评价大别山红色文化强军价值的实现效果,必须要对部队传承弘扬工作的环境进行考察。内环境的评估主要涉及人文环境、文化氛围、人际关系、教育意识、违纪概率,还应包括网络运用情况等。外环境的评估主要包括驻地社会环境、官兵的家庭环境等。如果外环境与内环境的目标方向相同或基本相同,就会形成较大的教育合力,产生比较好的教育效果;如果方向不一致,甚至相反,就会产生负向合力,削弱教育效果,甚至导致教育失败。对驻地社会环境的评估主要考察军民共建、军民共育的效果。对家庭环境的评估主要考察基层单位是否有效地利用了家庭的力量,对基层官兵进行思想政治教育。

第四节　大别山红色文化强军价值实现的评估方法

大别山红色文化强军价值的评估要达到预期的效果,实现预期的目的,不仅要有正确的评估标准、原则和范围,还要有科学的评估方法。科学的评估方法对于大别山红色文化强军价值实现的评估十分重要。大别山红色文化强军价值实现的评估方法可以分为定性和定量两大类。其中定性的方法包括系统分析法、纵横比较法等,定量的方法主要包括效益评定法、接受程度评定法等。在实践当中,将定性与定量的方法合理地综合起来加以运用,能够起到相互补充、彼此印证的效用。

一、系统分析法

这里所指的系统分析法,是指按照系统论的基本原理,运用系统分析手段,对作为系统工程的大别山红色文化强军教育工作进行分析和评估的方法。运用系统分析法评估大别山红色文化强军教育的质量和效果,要坚持整体分析和相关分析,并努力将两者结合起来。[1]

整体分析。运用系统分析法来评估和检验大别山红色文化强军教育,就要将大别山红色文化强军教育工作作为一个有机统一的整体,从系统整体的角度出发来进行评估和检验。大别山红色文化强军教育工作涉及教育者、受教育者、教育媒介和教育环境,同时涵盖教育目的、教育内容、教育手

---

[1] 郭政、王海平:《思想政治教育评估标准和方法探析》,《南京政治学院学报》2001年第5期。

段和教育活动等,大别山红色文化强军教育的质量和效果就是教育者、受教育者、教育媒介和教育环境之间的相互作用以及教育目的、教育内容、教育手段和教育活动之间的协调统一。当所有这些教育主客体和诸要素在方向上保持一致或者是基本一致时,大别山红色文化强军教育的质量和效果就会增强;反之,当所有事关教育主客体和诸要素在方向上发生偏离甚至是形成冲突时,预想的教育的质量和效果必然不会实现。所以在进行教育质量和效果评估时,必须将教育的主客体和相关的诸要素作为一个有机整体进行综合考察。通过整体分析各组成部分和要素之间在实践中产生的"合力"状况,进而得出对大别山红色文化强军教育质量和效果的正确认识。

相关分析。系统内各要素之间存在着多种多样的相互关联性,这种相互间的关联性是多质、多变量和多向性的。据此,我们在评估大别山红色文化强军教育的质量和效果时,必须要把整个教育活动中的主客体和诸要素当成一个相互联系、彼此制约的整体,将其中的主客体和诸要素联系起来加以综合的考察和剖视。在评估过程中,既要关注教育者在教育中的主导作用,又要关注教育对象的主观能动作用,同时还要注意分析教育媒介和内外部环境对教育活动的影响和制约作用;既要看到教育目标对教育活动的导向作用,又要冷静分析教育内容的落实情况、教育形式和手段的灵活多样性以及实际教育效果的状况,并努力将它们联系起来。通过对大别山红色文化强军教育涉及主客体和诸要素以及各主要环节之间的相互关联性等通盘考量、全面分析、全面总结,从不同的视角来进行精细评估,就能对大别山红色文化强军教育的质量和效果形成比较完整的认识和评判,进而就能准确地形成提升大别山红色文化强军教育的质量和效果的方法路径,适时对实际的教育活动进行有效的调控和引导,确保教育效果得到强化。[1]

二、纵横比较法[2]

运用纵横比较方法来评价大别山红色文化强军教育,就是在大别山红色文化强军教育主体、教育客体、教育媒介之间,军内外环境之间,教育过程、教育目标、教育内容、教育方法手段和教育效果之间,乃至各教育单位之间进行共时性和历时性比较,并在比较、鉴别中确认和判定大别山红色文化教育的质量和效果。考察大别山红色文化强军教育的质量和效果,有三种比较途径。一是历时性比较。即对部队某单位的大别山红色文化强军教育

---

[1][2] 郭政、王海平:《思想政治教育评估标准和方法探析》,《南京政治学院学报》,2001年第5期。

质量和效果作过程性的比较,分析一定时期内(一年、半年等)前期、中期、后期大别山红色文化强军教育的质量和效果的发展、变化情况,尤其是结合强军教育目标的落实情况、官兵接受教育和思想行为转化的情况、精神支柱强化和部队全面建设情况,以及完成军事演训各项任务的情况等。纵向比较的特点是比较的自我性,即用自己的前天、昨天和自己的今天做比较,目的在于发现大别山红色文化强军教育在时间顺序上发展变化的特点和规律,从中找出制约教育质量和效果发展变化的内外在因素,以促进本单位大别山红色文化强军教育质量的提高。二是共时性比较。通过共同接受教育的单位与单位之间,乃至不同单位的教育者、受教育者之间的比较,可以发现和确认强军教育的质量和效果。进行共时性比较的特点是联系性。在比较时,可以将本单位的教育活动与其他单位的教育活动进行比较,也可以就同一个时期、同一项教育任务、同一项课题、同一个环节和步骤进行全方位比较。由此可以较为准确地衡量各单位大别山红色文化强军教育的状况,得出符合实际的结论。三是历时性与共时性比较相结合。运用比较方法得出来的结论有其相对性,因为任何比较,无论是共时性比较还是历时性比较,都是相较于其他单位、不同时期和阶段而言的,不可能得出一定时期内、一定范围内大别山红色文化强军教育质量和效果的绝对意义上的结论,还必须要考虑到历史条件和周围环境的影响。

三、过程分析法

过程分析法就是把大别山红色文化强军教育的效果置于发展过程中加以全面考察的方法。一方面,衡量大别山红色文化强军教育工作的质量和效果一定要从发展的趋势上,以长远的眼光从多角度进行考察。大别山红色文化强军教育工作的质量和效果,通常是要通过教育对象思想的转变与觉悟的提高来实现的,而人的思想转变和认识水平的提升,不是一朝一夕的,它需要经过一个量变然后再到质变的飞跃。另一方面,决不能因为一出现反复就否定大别山红色文化强军教育工作的效果。在进行大别山红色文化强军教育评估时,要从人们思想状况变化、发展过程加以考察,既要看现状,也要看历史;既要看水平,也要看发展。把大别山红色文化强军教育工作的效果置于思想发展的过程中加以考察的方法,实际上是唯物辩证法在大别山红色文化强军教育评估工作中的具体运用。

四、追踪反馈法

大别山红色文化强军教育评估中的追踪反馈法,是指大别山红色文化强军教育者输出的信息,作用于教育对象后产生的结果再输送回大别山红色文化强军教育者,并对大别山红色文化强军教育信息的再输出发生影响的方法。它可以帮助决策者及时修正和完善信息,对教育工作起到调节、控制的作用。通过反馈,可以了解和把握大别山红色文化强军教育中各项指标的完成情况,并据此做出调整。如果没有反馈,就无法对大别山红色文化强军教育过程中存在的不足进行调节,因而就无法保证预定目标的实现。

五、效益评定法[①]

大别山红色文化强军教育工作的质量和效果究竟如何,可以通过计算其效益获得比较准确、直观的了解。所谓效益便是投入与产出之间的比率。对于大别山红色文化强军教育来说,产出即教育的效果和收益之和。所谓效果就是整个教育活动造成的正向后果;收益即教育活动造成的正向后果转化而来的精神以及物质效应,尤其是在提升部队战斗力,实现强军目标的历史使命以及强化官兵精神支柱等目标和要求方面所体现出的价值和利益,才算得上是强军教育的收益。效益是效果加收益与耗费时间乘以投入力量的积之间的比值,用公式表示就是:

$$效益 = (教育效果 + 教育收益) \div (耗费时间 \times 投入力量) \times 100\%$$

这表明,大别山红色文化强军教育活动收益的大小不仅与教育效果和实际收益的高低有关,也与耗费的时间和投入力量紧密关联。当教育的效果和收益一定时,教育时间越短,投入力量越少,教育的效益越高,教育的质量也就越高。由于我们在教育的过程中习惯于寻求的效益是那种只讲产出不计投入的绝对收益,它可以等同于广义上的效果和效应。但由上面的公式计算所得,则是教育投入与产出的比率关系而讲的效率,是相对于特定教育投入与产出之间的比值,因而可以称之为相对效益。大别山红色文化强军教育,既不能忽视对绝对效益、长远效益的追求,也要提高相对效益,切实增强教育的质量和效果。

六、接受程度评定法[②]

大别山红色文化强军教育的质量和效果如何,必然体现在受教育者对教育的接受和认同程度上。大别山红色文化强军教育的内容在什么程度、范围和意义上被广大官兵心悦诚服地接受了,这是评估教育质量和效果的重要方面。

[①②] 郭政、王海平:《思想政治教育评估标准和方法探析》,《南京政治学院学报》2001年第5期。

从接受的角度看,教育者输入信息量的多少、接受者头脑中存储的相关知识和信息量的多少、接受者的智力和思维能力的强弱,接受者对输入信息的认可态度的积极与否等直接影响着接受的效果。如果我们以 $E_{(X)}$ 表示对输入信息 X 的反应情况,单位为比特(byte);以 K 表示接受者的智力常数;以 $P_{(X)}$ 表示接受者对输入信息的认可态度,其取值范围是 $-1 \leq P_{(X)} \leq 1$;以 $T_{(X)}$ 表示教育者输入的一系列信息;以 $S_{(X)}$ 表示接受者大脑中储存的与接受信息相关的知识,单位为比特;以 $R_{(X)}$ 表示输入信息相关的、接受者搜集来的补充信息,单位为比特;以 $F_{(X)}$ 表示接受者将各种信息知识联系、组织起来的思维能力,那么,接受者对教育者输入信息的接受情况可以用下面的公式表示:

$$E_{(X)} \xrightarrow{i=1,2,3,\cdots,n} KP_{(X)} F(TI_{(X)}, S_{I(X)}, R_{I(X)})$$

这个公式展开来可参展为下列形式:

$$E_{(X)} = KP_{(X)} F \begin{Bmatrix} T_{1(X)}, T_{2(X)}, T_{3(X)}, \cdots, T_{N(X)} \\ S_{1(X)}, S_{2(X)}, S_{3(X)}, \cdots, S_{N(X)} \\ R_{1(X)}, R_{2(X)}, R_{3(X)}, \cdots, R_{N(X)} \end{Bmatrix}$$

在这个公式中,$T_{I(X)}$ 是已知的输入信息,所以,接受者认可的情况主要由其对输入信息的态度 $R_{I(X)}$,接受者大脑中存储的与输入信息 X 相关的知识 $S_{I(X)}$ 和搜集到的与教育者输入的信息 X 相关的补充信息 $R_{I(X)}$ 来决定。

当 $P_{(X)} = 0$ 时,则

$$E_{(X)} = K \cdot 0 \cdot F(T_{I(X)}, S_{I(X)}, R_{I(X)}) = 0$$

这表明,接受者对教育输入的信息持完全否定的态度即拒绝接受。在这种情况下,教育灌输基本上没有什么效果可言。

当 $0 < P_{(X)} \leq 1$ 时,

$$E_{(X)} \xrightarrow{i=1,2,3,\cdots,n} KP_{(X)} F(T_{I(X)}, S_{I(X)}, R_{I(X)})$$

这表明,该式为正值,说明接受者对输入的信息有所理解和吸收。其中,若 $0 < P_{(X)} < 1$ 时,表示接受者从正面肯定的程度不完全;若 $P_{(X)} = 1$,则表示接受者从正面做了完全肯定,教育灌输的质量达到最高。

当 $0 > P_{(X)} \geq -1$ 时,则

$$E_{(X)} \xrightarrow{i=1,2,3,\cdots,n} -KP_{(X)} F(T_{I(X)}, S_{I(X)}, R_{I(X)})$$

这时,该式为负值,表示接受者对输入的信息和知识从反面做了肯定和理

解。其中,若 $0>P_{(x)}>-1$ 时,则表示完全从反面进行了吸收和内化,这时,教育的质量很差,而且教育灌输出现了负面效应,如产生了逆反心理的抵触情绪等。

有了量化的结果,对接受程度才能比较客观、准确地从部分接受与全部接受、部分未接受与全部未接受等方面来判断教育的质量和效果。

七、综合评估法

综合评估法,就是按照大别山红色文化强军教育评估指标体系的指标内容,对评估指标逐项打分,然后按照权重系数计算出评估指标的综合积分。运用综合分析法时,要根据大别山红色文化强军教育的目标要求和受评对象的实际,做到"三要":一要提出评估指标。评估指标概念要清楚,表达要规范,便于操作。二要确定权重系数。确定权重系数时,既要根据教育目标的要求,保证重点,又要从实际出发,兼顾一般,做到主次有别,科学合理。三要设立指标等级。设立指标等级时,既要严格掌握标准,又不能要求太严,以免挫伤大别山红色文化中强军教育单位的积极性,也不能降低标准而使评估流于形式,一般采用优秀、良好、中等、合格四种方式,或按奇数方式,即优秀、良好、中等、合格、不合格五级制。

总之,评估大别山红色文化强军教育的质量和效果是一项相当复杂的工作,需要科学地制定相关的标准和选择相应的方法,并且坚持将求实精神与科学方法结合起来。只有这样,才能得出比较正确的结论,进而促进大别山红色文化强军传承弘扬工作不断地改进和完善。

第五节 大别山红色文化强军价值实现的评估指标体系

对大别山红色文化强军价值实现的评估,要遵循军队思想政治教育的普遍原则和教育评估的一般理论,遵循大别山红色文化强军价值实现的评估标准、评估原则、评估范围,综合运用相关的评估方法,科学设置指标体系,合理确定指标权重和构建具体评估标准,以结果应用为依据,有效遴选评价实施路径的思路,根据部队思想政治教育的特点规律,构建大别山红色文化强军价值实现的评估指标体系。

一、科学确定评估指标

由于传承弘扬大别山红色文化、实现其强军价值是一个系统工程,同时其本身具有一定的复杂性,影响因素比较多,所以,为了增强评估指标的操作性,将大别山红色文化强军价值实现的评估指标划分为二级结构。

(一) 一级评估指标

(1) 组织领导:主要考察领导层对弘扬大别山红色文化、传承红色基因工作的重视程度,规划是否合理,思路是否清晰。

(2) 教育实施:主要考察部队思想政治教育包括弘扬传承大别山红色文化的基础设施是否完善,配套设施是否完备,计划、制度是否落实。

(3) 教育队伍:主要考察部队思想政治教育队伍编制、培训是否合理,弘扬传承能力强弱。

(4) 环境条件:主要考察部队对传承弘扬工作的经费投入、设施设备情况,信息资源能否满足传承弘扬工作要求,部队文化建设和环境育人情况。

(5) 教育效果:主要考察大别山红色文化传承弘扬工作对基层官兵各个方面素质产生的影响。

(6) 教育特色:主要考察在大别山红色文化传承弘扬过程中是否形成特色鲜明、效果明显、有一定影响的经验和成果。

(二) 二级评估指标

(1) 组织领导:

① 党委领导:主要考察各级党委对大别山红色文化传承弘扬工作的重视程度,是否将传承弘扬工作纳入贯穿于全年主题教育活动之中,并作为党委议教的重要内容之一;部队教育主体对党委重视大别山红色文化传承弘扬工作的满意度情况。

② 机关管理:主要考察机关各部门职责是否明确,是否形成党委统一领导、机关齐抓共管、各级通力配合抓实传承弘扬大别山红色文化的工作格局;传承弘扬工作的总体规划和阶段规划是否切合实际,措施是否具体有效,教育指导是否有力,教育管理是否规范,教育保障是否到位;教育转化工作环境是否良好,有关大别山红色文化研究课题申报立项、成果评奖、精品课程建设等是否占相当比例;部队教育主体对机关组织协调工作的满意度情况。

③ 制度机制:主要考察传承弘扬工作是否有完备的规章制度,是否符合上级有关规定和部队实际,措施配套是否完善,执行落实是否严格;是否形成弘扬大别山红色文化、推动红色基因系统进入广大官兵头脑的工作机制,且运行良好,富有成效。

(2) 教育实施:

① 教育准备:主要考察大别山红色文化强军教育设计是否科学可行,教案、讲稿、课件是否准确规范,课前调查研究、集体备课、试讲等制度是否

落实严格,强军教育环节是否落实到位。

② 专题教育:主要考察教育内容是否科学准确、重点突出,是否紧贴时代发展、使命任务和基层官兵的实际,是否充分体现习近平新时代中国特色社会主义思想和习近平强军思想,是否注重回答解决重大理论和现实问题,针对性、说服力强弱;教育方法是否形式多样,基层官兵主体作用是否发挥好,教育气氛是否活跃;现代化教育手段运用是否科学合理、收效良好;基层广大官兵对专题教育的满意度情况。

③ 实践教学:主要考察大别山红色文化现地教育(包括运用仿真系统模拟现地教育)是否经常化、规范化,是否有实施计划、活动主题、考核要求、保障方案,以及相对稳定的实践教育基地;网上自主学习、理论答疑等活动是否经常开展且广大官兵人人参与;第二课堂活动是否丰富多彩,组织指导是否有力,部队"三个半小时"制度是否落实良好,广大官兵学习研究大别山红色文化氛围是否浓厚。

④ 质量管理:主要考察强军教育管理是否规范;是否定期开展评教评学活动;考试考核评价体系是否科学且形式灵活多样。

(3) 教育队伍:

① 编配结构:主要考察是否严格按上级有关规定编配政治教员在编率情况,是否其他人员占用编制;是否严把政治教员入口关,资格准入和任期考评制度是否落实好,是否有政治上不合格、业务上不胜任的政治教员;政治教员队伍结构是否合理。

② 教育能力:主要考察政治教员理论功底是否厚实,教育基本功是否扎实,是否掌握习近平新时代中国特色社会主义思想和习近平强军思想,是否把握包括大别山红色文化在内红色文化相关理论知识且讲究教育艺术,是否具有较强的教育组织、专题讲授、现代教学手段运用、理论联系实际等能力,以及强军教育质量抽查优良率情况。

③ 科研水平:主要考察是否坚持以大别山红色文化强军教育牵引理论研究,是否以理论研究深化部队红色文化教育传承,以及近些年来政治教员发表相关研究报告和论文量。

④ 师德师风:主要考察是否重视加强师德师风建设且措施得力;是否爱岗敬业,积极主动做官兵思想工作,成为他们的良师益友。

⑤ 培养培训:主要考察是否把政治教员培养培训优先纳入部队的人才战略工程和建设规划,且有切实可行的培养方案;是否鼓励和支持政治教员在职深造、到军校考察进修、参加上级机关组织的各类理论培训;年培训率情况等。

(4) 环境条件：

① 经费投入：主要考察大别山红色文化强军教育经费是否适当，如政治教员进修培训、外出调研、参加学术活动以及组织实践性教学等开支，是否列入教学训练、人才培养和科研经费预算，做到专款专用，无截留挪用现象。

② 设施设备：主要考察用于大别山红色文化强军教育的多媒体教室设施是否先进、功能齐全、能满足专题教育和相关活动需要；政治教员办公条件是否良好，办公面积是否达到部队平均水平，办公设备是否齐全。

③ 信息资源：主要考察部队图书、报刊、电子音像等资料能否满足官兵需要，保证每年有新增；全军政工网是否开通到连队，局域网是否开设大别山红色文化专题网站，信息资源是否丰富、特色是否鲜明、维护是否及时、管理是否严格、使用效果是否良好。

④ 部队文化：主要考察文化环境是否主题鲜明、富有特色、政治氛围浓厚，文化活动设施是否完善、功能良好；文化活动是否积极向上、丰富多彩、经常开展，是否做到队列集会有歌声、周末假日有活动、重大节日有晚会、学期年度有比赛，是否对促进大别山红色文化强军价值的实现起到积极作用；是否坚持依法从严治军，注重风气建设，训练工作、生活秩序是否正规有序。

(5) 教育效果：

① 官兵基本理论知识的掌握和运用：主要考察对习近平新时代中国特色社会主义思想和习近平强军思想的科学内涵、精神实质、实践要求等能否准确掌握，对党的路线方针政策能否理解深刻，对大别山红色文化及其强军价值能否理解深刻，对我军历史使命、优良传统等能否理解深刻，且抽测合格率；能否运用马克思主义的立场观点方法观察世界、认识社会、思考人生，以及解决实际问题。

② 官兵思想政治表现：主要考察理想信念是否坚定，是否高举旗帜、听党指挥、履行使命的思想牢固、自觉抵制各种错误思潮影响、在重大原则问题上旗帜鲜明；是否思想道德纯洁，意志品质顽强，在军事训练、完成急难险重任务等活动和考验中表现突出。

③ 官兵互评结果：主要考察是否安心于部队、扎根基层、岗位任职能力强、工作成绩突出，以及近三年获得表彰奖励的比例情况。

二、合理确定指标权重

在确定评估指标体系后，就需要合理确定各项评估指标的权重。确定指标权重是进行评估的基础性工作，也是科学评估的关键环节。目前，军队思想政治教育质量评估指标的权重确定方法主要依靠专家主观判断，人为因素影响很大，这也是导致评估结果不易被人接受的重要原因。

一般而言,确定权重系数的方法有关键特征调查法、抗衡法、特尔斐法、两两比较法、倍数比较法、专家评判平均法、层次分析法。

其中,层次分析法(analytical hierarchy process,AHP)作为一种综合定性与定量分析方法,将人们的思维过程和主观判断数学化,所以,对于那些难以全部量化处理的复杂的社会问题,它能得到比较满意的决策结果。因此,在确定复杂系统各指标权重时,层次分析法是最为经典的方法,在政策分析、成果评价、战略规划、人才考核评价以及发展目标分析等方面得到了广泛应用并取得了令人满意的成果。

因此,本书采用层次分析法来分析各项指标权重。

(一) 建立判断矩阵

同一层指标进行两两比较,按其相对重要性程度,根据斯塔相对重要性等级表赋值,形成判断矩阵。

相对重要程度	等 级
同等重要	1
稍微重要	3
明显重要	5
强烈重要	7
极端重要	9
两个相邻程度中间值	2、4、6、8

将一级评估指标组织领导、教育实施、教育队伍、环境条件、教育效果、主要特色两两比较得到:

	组织领导	教育实施	教育队伍	环境条件	教育效果	教育特色
组织领导	1	1/2	1	2	2	4
教育实施	2	1	2	3	3	5
教育队伍	1	1/2	1	2	2	4
环境条件	1/2	1/3	1/2	1	1	3
教育效果	1/2	1/3	1/2	1	1	3
教育特色	1/4	1/5	1/4	1/3	1/3	1

形成判断矩阵：

$$B = \begin{bmatrix} 1 & 1/2 & 1 & 2 & 2 & 4 \\ 2 & 1 & 2 & 3 & 3 & 5 \\ 1 & 1/2 & 1 & 2 & 2 & 4 \\ 1/2 & 1/3 & 1/2 & 1 & 1 & 3 \\ 1/2 & 1/3 & 1/2 & 1 & 1 & 3 \\ 1/4 & 1/5 & 1/4 & 1/3 & 1/3 & 1 \end{bmatrix}$$

（二）确定各项指标权重

进行层次单排序，求出判断矩阵中各行相对重要性等级之和以及所有等级之和，按照公式 $W_i = \dfrac{V_i}{\sum\limits_{i=1}^{n} V_i}$ 求出各指标权重 W，得到 $W = \begin{bmatrix} 0.20 \\ 0.31 \\ 0.20 \\ 0.12 \\ 0.12 \\ 0.05 \end{bmatrix}$。

即组织领导、教育实施、教育队伍、环境条件、教育效果、教育特色所占权重分别为 0.20、0.31、0.20、0.12、0.12、0.05。

（三）层次单排序一致性检验

通过层次单排序一致性检验，即根据公式 $CR = \dfrac{CI}{RI}$ 对判断矩阵的偏差程度进行一致性检验。其中 CR 表示随机一致性比值，CI 表示一致性指标，RI 表示平均随机一致性指标，当 CR≤0.1 时，可认为判断矩阵具有一致性，即层次单排序有效。

其中 $CI = \dfrac{\lambda_{max} - n}{n - 1}$，$\lambda_{max} = \dfrac{1}{n} \sum\limits_{i=1}^{n} \dfrac{(BW)_i}{W_i}$。经过计算得：

$$CI = 0.016\,4$$

RI 可根据判断矩阵的阶数 n，从下表中直接查得。

各阶数判断矩阵 RI 值

判断矩阵阶数 n	1	2	3	4	5	6	7	8	9
RI 值	0	0	0.58	0.9	1.12	1.24	1.32	1.41	1.45

得出 CR=0.013 2<0.10,于是层次单排序有效。
用同样的方法求出二级指标的权重系数。
通过构建判断矩阵得出:

组织领导下设二级指标的判断矩阵为 B = $\begin{bmatrix} 1 & 4 & 3 \\ 1/4 & 1 & 1/2 \\ 1/3 & 2 & 1 \end{bmatrix}$,

各级指标权重为 W = $\begin{bmatrix} 0.61 \\ 0.13 \\ 0.26 \end{bmatrix}$,

通过层次单排序一致性检验,CR=0.020 2<0.10,层次单排序有效。

教育实施下设二级指标的判断矩阵为 B = $\begin{bmatrix} 1 & 1/4 & 1/3 & 1/2 \\ 4 & 1 & 2 & 3 \\ 3 & 1/2 & 1 & 2 \\ 2 & 1/3 & 1/2 & 1 \end{bmatrix}$,

各级指标权重为 W = $\begin{bmatrix} 0.09 \\ 0.45 \\ 0.29 \\ 0.17 \end{bmatrix}$,

通过层次单排序一致性检验,CR=0.014 7<0.10,层次单排序有效。

教育队伍下设二级指标的判断矩阵为 B = $\begin{bmatrix} 1 & 1/3 & 1 & 2 & 2 \\ 3 & 1 & 3 & 4 & 4 \\ 1 & 1/3 & 1 & 2 & 2 \\ 1/2 & 1/4 & 1/2 & 1 & 1 \\ 1/2 & 1/4 & 1/2 & 1 & 1 \end{bmatrix}$,

各级指标权重为 W = $\begin{bmatrix} 0.19 \\ 0.44 \\ 0.19 \\ 0.09 \\ 0.09 \end{bmatrix}$,

通过层次单排序一致性检验,CR=0.007<0.10,层次单排序有效。

环境条件下设二级指标的判断矩阵为 B = $\begin{bmatrix} 1 & 2 & 1/3 & 1/3 \\ 1/2 & 1 & 1/4 & 1/4 \\ 3 & 4 & 1 & 1 \\ 3 & 4 & 1 & 1 \end{bmatrix}$,

各级指标权重为 $W = \begin{bmatrix} 0.15 \\ 0.09 \\ 0.38 \\ 0.38 \end{bmatrix}$,

通过层次单排序一致性检验,CR=0.011<0.10,层次单排序有效。

教育效果下设二级指标的判断矩阵为 $B = \begin{bmatrix} 1 & 1/3 & 2 \\ 3 & 1 & 4 \\ 1/2 & 1/4 & 1 \end{bmatrix}$,

各级指标权重为 $W = \begin{bmatrix} 0.25 \\ 0.61 \\ 0.14 \end{bmatrix}$,

通过层次单排序一致性检验,CR=0.040 5<0.10,层次单排序有效。

(四) 层次总排序

层次总排序就是计算相对高一层次而言的本层次各项指标的权重。二级指标的权重等于这些指标在本级的排序与相应的上一层指标的权重之积。

这样可得出总排序表:

二级指标	一级指标						二级指标层次总排序
	组织领导	教育实施	教育队伍	环境条件	教育效果	教育特色	
	0.20	0.31	0.20	0.12	0.12		
党委领导	0.61						0.122
机关管理	0.13						0.026
制度机制	0.26						0.052
教育准备		0.09					0.027 9
专题教育		0.45				0.05	0.139 5
实践教学		0.29					0.089 9
质量管理		0.17					0.052 7
编配结构			0.19				0.038
教育能力			0.44				0.088

续 表

二级指标	一级指标						二级指标层次总排序
	组织领导	教育实施	教育队伍	环境条件	教育效果	教育特色	
	0.20	0.31	0.20	0.12	0.12		
科研水平			0.19				0.038
师德师风			0.09				0.018
培养培训			0.09				0.018
经费投入				0.15			0.018
设施设备				0.09			0.010 8
信息资源				0.38		0.05	0.045 6
部队文化				0.38			0.045 6
官兵基本理论知识的掌握和运用					0.25		0.03
官兵思想政治表现					0.61		0.073 2
官兵互评结果					0.14		0.016 8

三、构建具体评估标准

依据大别山红色文化强军价值实现的评估原则,在合理设计评估指标和权重系数的基础上,按照大别山红色文化强军教育的特点规律,构建具体的评估标准。

按照模糊综合评判法的要求,将各项二级指标评判标准分为优秀、良好、中等、合格四个等级,在评价指标体系中只需给出优秀和中等两等级的标准描述(见下表)。

大别山红色文化强军价值实现的具体评估标准一览表

一级指标	二级指标	优　秀	中　等
组织领导	党委领导	各级党委对大别山红色文化传承弘扬工作高度重视,将传承弘扬工作纳入贯穿于全年主题教育之中,并作为党委议教的重要内容之一;部队教育主体对党委重视大别山红色文化传承弘扬工作的满意度≥85%。	各级党委对大别山红色文化传承弘扬工作重视,将传承弘扬工作纳入主题教育之中,并作为党委议教的内容之一;部队教育主体对党委重视大别山红色文化传承弘扬工作的满意度≥80%。
	机关管理	机关各部门职责明确,形成党委统一领导、机关齐抓共管、各级通力配合抓实传承弘扬大别山红色文化的工作格局;传承弘扬工作的总体规划和阶段规划切合实际,措施具体有效,指导有力,保障到位;教育转化工作环境良好;强军教育主体对机关组织协调工作的满意度≥80%。	机关各部门职责基本明确,形成党委统一领导、机关齐抓共管、各级较能配合抓传承弘扬大别山红色文化的工作格局;传承弘扬工作的总体规划和阶段规划基本切合实际,措施比较有效,指导有力,保障基本到位;教育转化工作环境较好;强军教育主体对机关组织协调工作的满意度≥70%。
	制度机制	传承弘扬工作规章制度完备,符合上级有关规定和部队实际,措施配套完善,执行落实严格;形成弘扬大别山红色文化、推动红色基因系统进入广大官兵头脑的工作机制,且运行良好、富有成效。	传承弘扬工作规章制度基本完备,符合上级有关规定和部队实际,措施比较配套;形成弘扬大别山红色文化、推动红色基因系统进入广大官兵头脑的工作机制,且运行较好、富有成效。
教育实施	教育内容设置	按照上级要求合理安排大别山红色文化强军教育内容,实施计划合理,能够全面贯彻习近平新时代中国特色社会主义思想和习近平强军思想。	按照上级要求比较合理安排大别山红色文化强军教育内容,实施计划合理,能够全面贯彻习近平新时代中国特色社会主义思想和习近平强军思想。
	教育准备	大别山红色文化强军教育设计科学可行,教案、讲稿、课件准确规范,教育展开之前调查研究、集体备课、试讲等制度落实严格,强军教育环节落实到位。	大别山红色文化强军教育设计科学可行,教案、讲稿、课件准确规范,教育展开之前调查研究、集体备课、试讲等制度落实严格,强军教育环节落实基本到位。

续 表

一级指标	二级指标	优　秀	中　等
教育实施	专题教育	教育内容科学准确、重点突出,紧贴时代发展、使命任务和基层官兵的实际,充分体现习近平新时代中国特色社会主义思想和习近平强军思想,注重回答解决重大理论和现实问题,针对性、说服力强;教育方法灵活多样,教育氛围活跃;现代化教育手段运用科学合理,使用效果好;广大官兵对专题教育的满意度≥85%。	教育内容科学准确、重点突出,紧贴时代发展、使命任务和基层官兵的实际,充分体现习近平新时代中国特色社会主义思想和习近平强军思想,注重回答解决重大理论和现实问题,针对性、说服力强;教育方法较灵活,教育氛围活跃;现代化教育手段运用比较合理,使用效果较好;广大官兵对专题教育的满意度≥75%。
	实践教学	大别山红色文化实践教学经常化、规范化,有实施计划、活动主题、考核要求、保障方案,有相对稳定的实践教育基地;网上自主学习、理论答疑等活动开展经常,广大官兵人人参与;第二课堂活动丰富多彩,组织指导有力,"三个半小时"制度落实好,广大官兵学习研究大别山红色文化氛围浓厚。	大别山红色文化实践教学经常、规范,有实施计划、活动主题、考核要求、保障方案,有实践教育基地;网上自主学习、理论答疑等活动开展比较经常,第二课堂活动丰富多彩,组织指导有力,"三个半小时"制度落实比较好,广大官兵学习研究大别山红色文化氛围浓厚。
	质量管理	强军教育管理规范;定期开展评教评学活动;考试考核评价体系科学,形式灵活多样。	强军教育管理规范;能够开展评教评学活动;考试考核评价体系比较科学,形式灵活多样。
教育队伍	编配结构	严格按照上级有关规定编配政治教员,在编率不低于95%,无其他人员占用编制;严把政治教员入口关,资格准入和任期考评制度落实好,无业务上不胜任的政治教员;政治教员队伍结构合理。	严格按照上级有关规定编配政治教员,在编率不低于85%,无其他人员占用编制;严把政治教员入口关,资格准入和任期考评制度落实好,无业务上不胜任的政治教员;政治教员队伍结构比较合理。
	教育能力	理论功底厚实,教育基本功扎实,掌握习近平新时代中国特色社会主义思想和习近平强军思想,把握包括大别山红色文化在内红色文化相关理论知识,讲究教育艺术,具有较强的教育组织、专题讲授、现代教学手段运用、理论联系实际等能力,强军教育质量抽查优良率≥85%。	理论功底比较厚实,教育基本功比较好,掌握习近平新时代中国特色社会主义思想和习近平强军思想,把握包括大别山红色文化在内红色文化相关理论知识,讲究教育艺术,具有一定的教育组织、专题讲授、现代教学手段运用、理论联系实际等能力,强军教育质量抽查优良率≥75%。

续　表

一级指标	二级指标	优　秀	中　等
教育队伍	科研水平	坚持以大别山红色文化强军教育牵引理论研究，以理论研究深化部队红色文化教育传承，近三年政治教员发表论文年人均≥0.7篇。	坚持以大别山红色文化强军教育牵引理论研究，以理论研究深化部队红色文化教育传承，近三年政治教员发表论文年人均≥0.5篇。
	师德师风	重视加强师德师风建设，措施得力；爱岗敬业，积极主动做官兵思想工作，成为他们的良师益友。	比较重视加强师德师风建设，措施得力；爱岗敬业，积极主动做官兵思想工作，成为他们的良师益友。
	培养培训	政治教员培养培训优先纳入部队的人才战略工程和建设规划，有切实可行的培养方案；鼓励和支持政治教员在职深造，到军校考察进修，参加上级机关组织的各类理论培训，年培训率≥10%。	政治教员培养培训优先纳入部队的人才战略工程和建设规划，有比较可行的培养方案；鼓励和支持政治教员在职深造，到军校考察进修，参加上级机关组织的各类理论培训，年培训率≥5%。
环境条件	经费投入	大别山红色文化强军教育经费占比适当。连队的资料室、专修室等建设每年安排有专项经费。政治教员进修培训，外出调研，参加学术活动以及组织实践性教学等开支，均列入教育训练、人才培养和科研经费预算，专款专用，无截留挪用现象。	大别山红色文化强军教育经费占比比较适当。连队的资料室、专修室等建设每年安排有专项经费。政治教员进修培训，外出调研，参加学术活动以及组织实践性教学等开支，均列入教育训练、人才培养和科研经费预算，专款专用，无截留挪用现象。
	设施设备	用于大别山红色文化强军教育的多媒体教室设施先进，功能齐全，能满足专题教育和相关活动需要；政治教员办公条件良好，办公面积不低于部队平均水平，办公设备齐全。	用于大别山红色文化强军教育的多媒体教室设施能满足专题教育和相关活动需要；政治教员办公条件良好，办公面积不低于部队平均水平，办公设备齐全。
	信息资源	部队图书、报刊、电子音像等资料能满足官兵需要，每年有新增；全军政工网开通到连队，局域网开设大别山红色文化专题网站，信息资源丰富、特色鲜明、维护及时、管理严格，使用效果好。	部队图书、报刊、电子音像等资料能满足官兵需要，每年有新增；全军政工网开通到连队，局域网开设大别山红色文化专题网站，信息资源丰富、特色鲜明、维护及时、管理严格，使用效果比较好。

续 表

一级指标	二级指标	优 秀	中 等
环境条件	部队文化	文化环境主题鲜明、富有特色、政治氛围浓厚,文化活动设施完善、功能良好。文化活动积极向上、丰富多彩、开展经常,做到队列集会有歌声,周末假日有活动,重大节日有晚会,学期年度有比赛,对促进大别山红色文化强军价值的实现起到积极作用。坚持依法从严治军,注重风气建设,训练工作、生活秩序正规有序。	文化环境主题鲜明、富有特色、政治氛围浓厚,文化活动设施完善、功能良好。文化活动积极向上,对促进大别山红色文化强军价值的实现起到比较明显作用。坚持依法从严治军,注重风气建设,训练工作、生活秩序正规有序。
教育效果	官兵基本理论知识的掌握和运用	对习近平新时代中国特色社会主义和习近平强军思想的科学内涵、精神实质、实践要求等能够准确掌握,对党的路线方针政策能理解深刻,对大别山红色文化及其强军价值理解深刻,对我军历史使命、优良传统等理解深刻,抽测合格率100%。能够运用马克思主义的立场观点方法观察世界、认识社会、思考人生,分析解决实际问题能力强。	对习近平新时代中国特色社会主义和习近平强军思想的科学内涵、精神实质、实践要求等能够掌握,对党的路线方针政策能理解比较深刻,对大别山红色文化及其强军价值理解比较深刻,对我军历史使命、优良传统等理解比较深刻,抽测合格率90%。能够运用马克思主义的立场观点方法观察世界、认识社会、思考人生,分析解决实际问题能力较强。
教育效果	官兵思想政治表现	理想信念坚定,高举旗帜,听党指挥、履行使命的思想牢固,自觉抵制各种错误思潮影响,在重大原则问题上旗帜鲜明。思想道德纯洁,意志品质顽强,在军事训练、完成急难险重任务等活动和考验中表现突出。	理想信念坚定,高举旗帜,听党指挥、履行使命的思想牢固,自觉抵制各种错误思潮影响,在重大原则问题上旗帜鲜明。思想道德纯洁,意志品质顽强,在军事训练、完成急难险重任务等活动和考验中表现比较突出。
教育效果	官兵互评结果	任职表现好,安心部队,扎根基层,岗位任职能力强,工作成绩突出,近三年获得表彰奖励的比例较高。	任职表现较好,安心部队,扎根基层,岗位任职能力较强。
教育特色		在大别山红色文化强军教育过程中形成的特色鲜明、效果明显、在军内外有一定影响的经验和成果。	在大别山红色文化强军教育过程中形成的特色鲜明、效果明显的经验和成果。

四、用二值判断法进行程度分析

二值判断就是评判者对被评对象的某个指标所属等级做出的属于或不属于的判断。以组织领导这个一级指标为例进行二值判断法模糊评判。

指标 U	权重 W	优秀 1	良好 0.85	中等 0.70	合格 0.59
党委领导	0.122				
机关管理	0.026				
制度机制	0.052				

评价者对表中三个二级指标所属的等级分别进行二值判断,当某一项指标属于某一个等级就在相应的方格内画"√",画"√"者记为1,空格记为0,形成一个布尔矩阵。

然后将所有评价者的评判结果(布尔矩阵)相加,形成一个次数矩阵,用 F 表示,将 F 中的每一个数除以评价者的人数 K,就得到用隶属度表示的模糊评判矩阵 R:

$$R = \frac{F}{K} = [R1 \quad R2 \quad R3]$$

最后,进行程度分析,利用程度系数 $e_i = R_i D'$ 对比优秀、良好、中等、合格的等级参数,就可以知道该项二级指标所属的等级。D' 就是等级参数 D 的转置矩阵。

$$D = [1 \quad 0.85 \quad 0.70 \quad 0.59]$$

$$D' = \begin{bmatrix} 1 \\ 0.85 \\ 0.70 \\ 0.59 \end{bmatrix}$$

将各指标的程度系数用矩阵 E 表示为:

$$E = [e_1 \quad e_2 \quad e_3]$$

运用各项二级指标的程度系数,可以求出一级指标的程度系数,其方法是将各指标的权重 W 乘以各指标程度系数的转置矩阵 E',e = WE',将程度系数 e 与对比优秀、良好、中等、合格的等级参数，就能知道该项一级指标所属的等级。

需要指出的是：二级指标有一个合格或两个中等或三个良好者，一级指标不能评定为优；一级指标中有一个合格或两个中等或三个良好者，该单位不能评定为优秀。

附录一：调 查 问 卷

调查问卷一：大别山红色文化强军价值调查问卷（示例）

人员类别： 军（警）官□　　军（警）士□　　文职人员□　　学员□

说明：1. 同志你好！我们是"大别山红色文化强军价值研究"课题组，为了解大家对大别山红色文化的认知情况，有针对性地找到大家喜爱的方式弘扬大别山红色文化、传承红色基因，进而发挥大别山红色文化的强军价值，我们组织此次问卷调查。调查结果不作为评判单位和个人成绩好坏的依据，不署名、不评分。

2. 结合实际在对应你所属的"人员类别"后画"√"。

3. 填空题请将答案写在空格处，选择题只可单选，请填写你认同的唯一答案的字母。

一、填空题

1. 你觉得各级党委重视传承弘扬大别山红色文化的工作吗？请按重视程度打分。（满分 10 分）_____

2. 你觉得机关各部门传承弘扬大别山红色文化的举措是否有效？请按有效程度打分。（满分 10 分）_____

3. 机关是否经常到基层指导传承弘扬大别山红色文化的工作？请按经常程度打分。（满分 10 分）_____

4. 你对机关各部门的教育协调工作打几分？请按协调工作的有效性打分。（满分 10 分）_____

5. 你觉得所在单位传承弘扬大别山红色文化工作的制度机制是否完善？请按完善程度打分。（满分 10 分）_____

二、单选题

6. 你觉得所在单位传承弘扬大别山红色文化的教育工作准备充分

吗?（　　）

　　A. 准备不充分,教育工作随机开展

　　B. 准备较为充分,有教育的课件教案

　　C. 准备很充分,教育教案精美完善

　　D. 准备十分充分,组织调查、备课、试讲等工作

　　7. 你觉得所在单位对大别山红色文化的物质资源(如革命遗迹、旧址、器物、纪念馆等)、信息资源(如法律法规、纲领政策、文献、标语、语音、图像等)、精神资源(如精神意志、理想信念、价值观念等)运用全面吗?（　　）

　　A. 运用很全面　　　　　　　B. 运用较为全面

　　C. 运用不太全面　　　　　　D. 运用不全面

　　8. 你觉得所在单位对大别山红色文化的教育能体现时代性吗?（　　）

　　A. 离现实比较遥远,感觉是故纸堆里的知识

　　B. 偶尔能联系现实,但比较生硬

　　C. 联系现实较紧密,有一定时代性

　　D. 联系现实紧密,能够解决现实问题

　　9. 你觉得所在单位进行大别山红色文化教育的形式多样吗?学习氛围如何?（　　）

　　A. 以传统说教为主进行教育,参与度不高,气氛沉闷

　　B. 运用演讲、讨论、交流等多种手段进行教育,参与度较高,气氛比较活跃

　　C. 通过组织实践参观、利用互联网信息资源(如微信公众号、短视频平台)等多种形式进行教育,参与度很高,气氛很活跃

　　D. 以上方法都运用,大家积极参与,气氛特别活跃

　　10. 你所在的单位有相对稳定的实践教育基地吗?是否经常组织参观见学活动?（　　）

　　A. 有,每年组织一次参观见学　　B. 有,每半年组织一次参观见学

　　C. 有,每季度组织一次参观见学　　D. 没有稳定的实践教育基地

　　11. 你对大别山红色文化感兴趣吗?会自主开展学习吗?（　　）

　　A. 感兴趣,经常自主进行学习　　B. 较感兴趣,偶尔自主进行学习

　　C. 较感兴趣,不会自主进行学习　　D. 不感兴趣,不会自主进行学习

　　12. 你所在的单位对大别山红色文化强军教育有考核评价制度吗?效果如何?（　　）

　　A. 没有考核评价制度

　　B. 作为思想政治教育的一部分进行考评,作用不突出

C. 有单独的考核评价制度,但作用不突出

D. 有单独的考核评价制度,与个人年终考评结合,作用突出

13. 你所在单位对大别山红色文化强军教育投入的经费能够保障教育活动(如购置图书音像资料、外出调研、参加学术活动以及组织实践性教学等)的开展吗?(　　)

A. 没有专项经费保障

B. 有专项经费,但经费有限

C. 有充足的专项经费,但经常被挪作他用

D. 有充足的专项经费,专款专用

14. 你所在单位有关大别山红色文化的教育资源丰富吗?(　　)

A. 有少量图书资料

B. 有较多的图书音像资料,但比较陈旧

C. 有丰富的图书音像资料,而且不断更新

D. 有丰富的图书音像网络信息教育资源,并且自主制作相关教育资源

15. 你所在单位经常开展文化活动吗?(　　)

A. 文化活动少,参与度不高

B. 偶尔组织文化活动,参与度不高

C. 经常组织文化活动,参与度较高

D. 经常组织形式多样的文化活动,参与度高

调查问卷二:"强军教育质量"调查问卷(示例)

人员类别: 军(警)官□　　军(警)士□　　文职人员□　　学员□

说明:1. 同志你好!我们是"大别山红色文化强军价值研究"课题组,为了解部队传承弘扬大别山红色文化、发挥红色文化强军价值的质量情况,我们组织此次问卷调查。调查结果不作为评判单位和个人成绩好坏的依据,不署名、不评分。

2. 结合实际在对应你所属的"人员类别"后画"√"。

3. 以下所有题目都是单选题,请填写你认同的唯一答案的字母。

你对以下问题的看法是:

1. 中国特色社会主义是(　　)
A. 符合中国国情的必然选择,必须坚定不移地走下去
B. 只是一个口号和标签,和资本主义没有什么本质区别
C. 不太关心,只要自己过得好就行了

2. 你对西方极力鼓吹"军队非党化、非政治化"和"军队国家化"的态度是(　　)
A. 坚决抵制,这会使军队脱离党的领导
B. 能够促进人民军队战斗力提升
C. 不太懂

3. 你对实现强军目标的看法是(　　)
A. 实现强军目标与自己的人生目标没有联系
B. 实现强军目标是上级首长思考的问题
C. 强国必须强军,军强才能国安

4. 当单位建设需要你做出牺牲奉献时,你的态度是(　　)
A. 服从组织安排
B. 听听父母意见再说
C. 看看对自己是否有利

5. 你对和平时期部队大抓军事训练的态度是(　　)
A. 非常有必要,使命所需、职责所系
B. 随便练练能够应付考核就行,没必要较真,还是保安全要紧
C. 现在打的是信息化战争,学好信息化技术就行了

6. 你感觉当前部队战斗力如何？（　　）

　　A. 部队没有完成不了的任务，战斗力很强

　　B. 面临崭新的任务，有很多不确定因素

　　C. 部队战备观念淡化，战斗准备不足，训练质量不高

7. 如果你身着便装，在大街上遇见受伤亟须帮助的老人，你会如何应对？（　　）

　　A. 立即上前予以帮助，并打电话叫救护车

　　B. 担心碰瓷，打电话报警

　　C. 假装没看见，迅速走开

8. 你对部队战斗精神培育的态度是（　　）

　　A. 重在平时培育

　　B. 不需要培育，战场环境就能直接激发

　　C. 战斗精神可有可无，武器装备不行一切等于零

9. 你认为新形势下，是否应该保持艰苦奋斗本色？（　　）

　　A. 艰苦奋斗是我们的传家宝，必须保持和发扬

　　B. 现在物质条件好了，想要什么有什么，没必要坚持

　　C. 无所谓

调查问卷三：大别山红色文化强军价值调查问卷（示例）

人员类别： 党委机关

说明： 同志你好！我们是"大别山红色文化强军价值研究"课题组，为了解大家对大别山红色文化的认知情况，有针对性地找到大家喜爱的方式弘扬大别山红色文化、传承红色基因，进而发挥大别山红色文化的强军价值，我们组织此次问卷调查。调查结果不作为评判单位和个人成绩好坏的依据，不署名、不评分。以下所有题目只可单选，请填写你认同的唯一答案的字母。

1. 各级党委对大别山红色文化传承弘扬工作重视程度如何？（   ）
   A. 非常重视　　B. 很重视　　C. 比较重视　　D. 不重视
2. 各级党委是否经常开展传承弘扬大别山红色文化的教育活动？（   ）
   A. 每周开展1次　　　　　　B. 每月开展1次
   C. 每季度开展1次　　　　　D. 每年开展1次
3. 你对党委传承弘扬大别山红色文化取得的成果满意吗？（满分10分）（   ）
   A. 6分　　B. 7分　　C. 8分　　D. 9分　　E. 10分
4. 你觉得机关各部门传承弘扬大别山红色文化的工作格局如何？（   ）
   A. 没有部门负责该项工作
   B. 有部门负责，但是开展工作不经常、不充分
   C. 有部门负责，分工明确，但没有形成合力
   D. 各部门职责明确，齐抓共管、通力配合
5. 你觉得机关各部门传承弘扬大别山红色文化的举措是否有效？（   ）
   A. 举措有效，深得欢迎
   B. 举措有效，能够实施
   C. 举措有效，但无法完全实施
   D. 举措无效，无法实施
6. 机关是否经常到基层部队指导传承弘扬大别山红色文化的工作？（   ）
   A. 每周指导1次　　　　　　B. 每月指导1次
   C. 每季度指导1次　　　　　D. 每年指导1次

7. 你对机关各部门的教育协调工作打几分？（满分10分）（　　）

A. 10分　　B. 9分　　C. 8分　　D. 7分　　E. 6分

8. 你觉得机关保障大别山红色文化强军教育的制度机制成熟吗？落实情况如何？（　　）

 A. 没有形成制度机制

 B. 制度机制较成熟，但落实不充分

 C. 制度机制很成熟，落实情况良好

 D. 制度机制非常成熟，落实富有成效

9. 你觉得机关在组织大别山红色文化教育的过程中，有没有很好地贯彻习近平新时代中国特色社会主义思想和习近平强军思想？（　　）

 A. 贯彻得很好　　　　　　　B. 能够贯彻

 C. 偶尔会提到　　　　　　　D. 不知道

10. 所在的部队有相对稳定的实践教育基地吗？机关是否经常组织参观见学活动？（　　）

 A. 有，每年组织一次参观见学

 B. 有，每半年组织一次参观见学

 C. 有，每季度组织一次参观见学

 D. 没有稳定的实践教育基地

11. 所在部队的政治教员在编在岗情况如何？（　　）

 A. 没有专职政治教员

 B. 有专职政治教员，但缺编较多

 C. 有专职政治教员，存在个别缺编情况

 D. 有专职政治教员，无缺编情况

12. 你觉得所在部队的政治教员理论功底（如掌握习近平新时代中国特色社会主义思想和习近平强军思想，把握包括大别山红色文化在内红色文化相关理论知识）扎实吗？开展教学有吸引力吗？（　　）

 A. 理论功底不扎实，教学没有吸引力

 B. 理论功底扎实，但教学没有吸引力

 C. 理论功底不扎实，但教学手段丰富，有吸引力

 D. 理论功底扎实，教学手段丰富，有吸引力

13. 你觉得所在部队的政治教员注重大别山红色文化传承弘扬的科研工作吗？（　　）

 A. 不太注重

 B. 比较注重，但不会形成理论成果

C. 比较注重,偶尔会写相关论文

D. 非常注重,几乎每年都写相关论文

14. 机关会组织政治教员培养培训,鼓励和支持政治教员在职深造,到军校进修学习吗?(　　)

A. 偶尔组织培训,但不鼓励离职进修

B. 经常组织培训,但不鼓励离职进修

C. 经常组织培训,不反对离职进修

D. 经常组织培训,而且鼓励离职进修

15. 机关对大别山红色文化强军教育投入的经费能够保障教育活动(如购置图书音像资料、外出调研,参加学术活动以及组织实践性教学等)的开展吗?(　　)

A. 没有专项经费保障

B. 有专项经费,但经费有限

C. 有充足的专项经费,但经常被挪作他用

D. 有充足的专项经费,专款专用

16. 部队图书馆(室)有关大别山红色文化的资源丰富吗?(　　)

A. 有少量图书资料

B. 有较多的图书音像资料,但比较陈旧

C. 有丰富的图书音像资料,而且不断更新

D. 有丰富的图书音像网络信息教育资源,并且自主制作相关教育资源

17. 部队经常开展文化活动吗?(　　)

A. 文化活动少,参与度不高

B. 偶尔组织文化活动,参与度不高

C. 经常组织文化活动,参与度较高

D. 经常组织形式多样的文化活动,参与度高

18. 通过大别山红色文化教育,官兵们的理想信念更加坚定了吗?请按坚定程度打分。(满分10分)(　　)

A. 6分　　B. 7分　　C. 8分　　D. 9分　　E. 10分

19. 通过大别山红色文化教育,能激发官兵们战斗精神吗?请按战斗精神旺盛程度打分。(满分10分)(　　)

A. 6分　　B. 7分　　C. 8分　　D. 9分　　E. 10分

20. 通过大别山红色文化教育,官兵们完成任务的能力有提升吗?请按任务完成的程度打分。(满分10分)(　　)

A. 6分　　B. 7分　　C. 8分　　D. 9分　　E. 10分

21. 通过大别山红色文化教育,官兵们能够更加认同党的光荣传统和优良作风吗？请按认同程度打分。(满分 10 分)(　　)

A. 6 分　　　B. 7 分　　　C. 8 分　　　D. 9 分　　　E. 10 分

调查问卷四：大别山红色文化强军价值调查问卷(示例)

人员类别：政治教员

说明：同志你好！我们是"大别山红色文化强军价值研究"课题组，为了解官兵对大别山红色文化的认知情况，有针对性地找到大家喜爱的方式弘扬大别山红色文化、传承红色基因，进而发挥大别山红色文化的强军价值，我们组织此次问卷调查。调查结果不作为评判单位和个人成绩好坏的依据，不署名、不评分。以下所有题目只可单选，请填写你认同的唯一答案的字母。

1. 各级党委对大别山红色文化传承弘扬工作重视程度如何？（　　）
   A. 非常重视　　B. 很重视　　C. 比较重视　　D. 不重视
2. 各级党委是否经常开展传承弘扬大别山红色文化的教育活动？（　　）
   A. 每周开展1次　　　　　　B. 每月开展1次
   C. 每季度开展1次　　　　　D. 每年开展1次
3. 你对党委传承弘扬大别山红色文化的工作满意吗？请按满意程度打分。（满分10分）（　　）
   A. 6分　　B. 7分　　C. 8分　　D. 9分　　E. 10分
4. 你觉得机关各部门传承弘扬大别山红色文化的工作格局如何？（　　）
   A. 没有部门负责该项工作
   B. 有部门负责，但是开展工作不经常、不充分
   C. 有部门负责，分工明确，但没有形成合力
   D. 各部门职责明确，齐抓共管、通力配合
5. 你觉得机关各部门传承弘扬大别山红色文化的举措是否有效？（　　）
   A. 举措有效，深得欢迎
   B. 举措有效，能够实施
   C. 举措有效，但无法完全实施
   D. 举措无效，无法实施
6. 机关是否经常到基层部队指导传承弘扬大别山红色文化的工作？（　　）
   A. 每周指导1次　　　　　　B. 每月指导1次
   C. 每季度指导1次　　　　　D. 每年指导1次
7. 你对机关各部门的教育协调工作打几分？（满分10分）（　　）

A. 10 分　　B. 9 分　　C. 8 分　　D. 7 分　　E. 6 分

8. 你觉得所在单位通过传承弘扬大别山红色文化进行强军教育的制度机制成熟吗？落实情况如何？（　　）

　　A. 没有成熟的制度机制保障,无法落实

　　B. 制度机制较成熟,但落实不充分

　　C. 制度机制很成熟,落实情况良好

　　D. 制度机制非常成熟,落实富有成效

9. 你会在进行大别山红色文化教育的过程中,贯彻习近平新时代中国特色社会主义思想和习近平强军思想吗？（　　）

　　A. 能够深度融合　　　　　　B. 能够做到结合

　　C. 偶尔会提到　　　　　　　D. 没有贯彻

10. 你会对传承弘扬大别山红色文化的教育工作做充分准备吗？（　　）

　　A. 准备不充分,教育工作随机开展

　　B. 准备较为充分,有教育的课件教案

　　C. 准备很充分,教育教案精美完善

　　D. 准备十分充分,组织调查、备课、试讲等工作

11. 你对大别山红色文化的物质资源（如革命遗迹、旧址、器物、纪念馆等）、信息资源（如法律法规、纲领政策、文献、标语、语音、图像等）、精神资源（如精神意志、理想信念、价值观念等）了解全面吗？（　　）

　　A. 了解很全面　　　　　　　B. 了解较为全面

　　C. 了解不太全面　　　　　　D. 了解不全面

12. 你能联系现实进行大别山红色文化的教育吗？（　　）

　　A. 离现实比较遥远,感觉是故纸堆里的知识

　　B. 偶尔能联系现实,但比较生硬

　　C. 联系现实较紧密,有一定时代性

　　D. 联系现实紧密,能够解决现实问题

13. 你进行大别山红色文化教育的形式丰富吗？官兵们学习气氛如何？（　　）

　　A. 以传统说教为主进行教育,战士们参与度不高,气氛沉闷

　　B. 运用演讲、讨论、交流等多种手段进行教育,战士们参与度较高,气氛比较活跃

　　C. 通过组织实践参观、利用互联网信息资源（如微信公众号、短视频平台）等多种形式进行教育,战士们参与度很高,气氛很活跃

　　D. 以上方法都运用,战士们积极参与,气氛特别活跃

14. 单位有相对稳定的实践教育基地吗？是否经常组织参观见学活动？（　　）

　　A. 有，每年组织一次参观见学

　　B. 有，每半年组织一次参观见学

　　C. 有，每季度组织一次参观见学

　　D. 没有稳定的实践教育基地

15. 你对大别山红色文化感兴趣吗？愿意展开学习教育吗？（　　）

　　A. 感兴趣，经常自主进行学习，愿意展开教育

　　B. 较感兴趣，偶尔自主进行学习，愿意展开教育

　　C. 不感兴趣，不会进行学习教育

　　D. 无所谓

16. 单位对大别山红色文化强军教育有考核评价制度吗？效果如何？（　　）

　　A. 没有考核评价制度

　　B. 作为思想政治教育的一部分进行考评，作用不突出

　　C. 有单独的考核评价制度，但作用不突出

　　D. 有单独的考核评价制度，与个人年终考评结合，作用突出

17. 你所在单位的政治教员在编在岗情况如何？（　　）

　　A. 没有专职政治教员

　　B. 有专职政治教员，但缺编较多

　　C. 有专职政治教员，存在个别缺编情况

　　D. 有专职政治教员，无缺编情况

18. 你觉得自身理论功底（如掌握习近平新时代中国特色社会主义思想和习近平强军思想，把握包括大别山红色文化在内红色文化相关理论知识）扎实吗？开展教学有吸引力吗？（　　）

　　A. 理论功底不扎实，教学没有吸引力

　　B. 理论功底扎实，但教学没有吸引力

　　C. 理论功底不扎实，但教学手段丰富，有吸引力

　　D. 理论功底扎实，教学手段丰富，有吸引力

19. 你注重大别山红色文化传承弘扬的科研工作吗？（　　）

　　A. 不太注重

　　B. 比较注重，但不会形成理论成果

　　C. 比较注重，偶尔会写相关论文

　　D. 非常注重，几乎每年都写相关论文

20. 部队会组织政治教员培养培训，鼓励和支持政治教员在职深造，到

军校考察进修吗?（　　）

  A. 偶尔组织培训,但不鼓励离职进修

  B. 经常组织培训,但不鼓励离职进修

  C. 经常组织培训,不反对离职进修

  D. 经常组织培训,而且鼓励离职进修

  21. 单位对大别山红色文化强军教育投入的经费能够保障教育活动(如购置图书音像资料、外出调研,参加学术活动以及组织实践性教学等)的开展吗?（　　）

  A. 没有专项经费保障

  B. 有专项经费,但经费有限

  C. 有充足的专项经费,但经常被挪作他用

  D. 有充足的专项经费,专款专用

  22. 单位有关大别山红色文化的教育资源丰富吗?（　　）

  A. 有少量图书资料

  B. 有较多的图书音像资料,但比较陈旧

  C. 有丰富的图书音像资料,而且不断更新

  D. 有丰富的图书音像网络信息教育资源,并且自主制作相关教育资源

  23. 单位经常开展文化活动吗?（　　）

  A. 文化活动少,参与度不高

  B. 偶尔组织文化活动,参与度不高

  C. 经常组织文化活动,参与度较高

  D. 经常组织形式多样的文化活动,参与度高

  24. 通过大别山红色文化教育,官兵们的理想信念更加坚定了吗?请按坚定程度打分。(满分10分)（　　）

  A. 6分　　B. 7分　　C. 8分　　D. 9分　　E. 10分

  25. 通过大别山红色文化教育,能激发官兵们战斗精神吗?请按战斗精神旺盛程度打分。(满分10分)（　　）

  A. 6分　　B. 7分　　C. 8分　　D. 9分　　E. 10分

  26. 通过大别山红色文化教育,官兵们完成任务的能力有提高吗?请按任务完成的程度打分。(满分10分)（　　）

  A. 6分　　B. 7分　　C. 8分　　D. 9分　　E. 10分

  27. 通过大别山红色文化教育,官兵们能够更加认同我军的优良传统吗?请按认同程度打分。(满分10分)（　　）

  A. 6分　　B. 7分　　C. 8分　　D. 9分　　E. 10分

附录二：大别山地区红色革命遗址及纪念场馆（部分）

安 徽 省

六安市
霍邱文庙——革命群众活动旧址
中共寿县小甸集特支遗址
中共六安特别支部旧址
六安六区第一个农协会旧址
六安六区苏维埃政府旧址
玉玺楼——中共漫水河支部旧址
中共舒家庙支部成立、豪珠岭会议旧址
中共六安特区委员会成立旧址
中共寿县第一次代表大会会址
中共寿县临时县委暨中共寿县第二、第三次代表大会旧址
寿县学兵团遗址
赤城县邮政局旧址
赤城县六区一乡列宁小学旧址
中共霍山县第一次党代会旧址
朱氏祠——中国工农红军第十一军第三十二师成立旧址
立夏节起义旧址
诸佛庵兵变遗址
中共寿县第四次代表大会遗址
中共六安中心县委旧址
中共六安中心县委、中共霍山县委驻地旧址
李氏宗祠——西镇革命委员会旧址

独山革命旧址群

中央交通站正阳分站遗址

红十一军三十三师师部旧址

芮氏祠堂——霍邱县二区苏维埃人民政府旧址

七邻关帝庙——六县联席会议旧址

葛氏祠——六安六区五乡苏维埃驻地旧址

霍山县苏维埃政府成立旧址

霍山县苏维埃列宁模范小学遗址

六安兵变旧址

中共寿县中心县委联络站遗址

瓦埠暴动遗址

李氏庄园——中共霍固县委、县人民政府旧址

霍山县军事指挥部旧址

霍山县苏维埃政府革命法庭旧址

大同经济合作社、红军织袜厂旧址

接善寺——中共豫东南道委、道区苏维埃政府旧址

五星县苏维埃政府旧址

中共舒城特支、特区委机关旧址

苏家埠战役旧址

红二十五军军部临时驻地旧址

吕家大院——红二十八军重建旧址

胡氏祠——中共鄂豫皖省委会议旧址

六安文庙——安徽省抗日民众总动员委员会旧址

汪家老屋——中共鄂豫皖边区委员会旧址

新四军四支队司令部旧址

韩家大房——舒城县民主政府旧址

刘邓大军前方指挥部旧址

刘邓大军南下指挥部旧址

第二野战军渡江战役指挥部旧址

舒传贤故居

蒋光慈故居

方敦善烈士墓

大化坪烈士墓

赵策烈士墓

红二十五军乌风沟战斗遗址及烈士墓
平田烈士墓
西镇暴动纪念馆
方和平烈士陵园
刘邓大军千里跃进大别山张家店战役纪念馆
三尖铺烈士纪念塔
皖西烈士陵园
金寨革命烈士陵园
诸佛庵革命烈士纪念塔
皖西博物馆
金寨县革命博物馆
霍山烈士陵园
许继慎烈士陵园

安庆市
齐云寺——红军秘密驻地旧址
包家河暴动旧址
方氏宗祠——响肠摸瓜队成立旧址
北中区苏维埃政府旧址
清水寨暴动旧址
红军中央独立第二师司令部旧址
潜山水吼石河区农会旧址
潜山县革命委员会旧址
欧家岭暴动遗址
鲁䂮山农民暴动旧址
红二十七军成立地遗址
红二十八军重建会议旧址
红二十八军军政旧址
红军洞
红二十八军柴家山会议旧址
蒋氏支祠——中共皖鄂边特委小河南会议旧址
青天畈汪氏宗祠——岳西谈判旧址
刘氏集成堂——湖响乡抗日动委会驻地旧址
潘氏宗祠——安徽省第九游击纵队司令部暨皖西人民自卫军石牌会议旧址
桐东抗日民主政府旧址

鄂豫皖军政大学皖西分校旧址
刘邓大军刘家畈高干会议旧址
倪楼农会旧址
中共太岳县委、县政府旧址
八角亭革命旧址
渡江战役第二野战军司令部旧址
第二野战军第四兵团司令部旧址
王步文故居
何世玲烈士墓
余大化烈士墓
章逐明烈士墓
鲁䶮山烈士墓
操球烈士墓
陈雪吾烈士墓
卓金和烈士墓
鲁生烈士墓
陈可亭烈士墓
黄建华烈士墓
洪铺渡江战役烈士墓
茅草埠烈士墓
天宁寨纪念碑
黄桂元烈士墓
陈独秀墓园
望江县渡江烈士陵园
岳西县大别山烈士陵园
太湖县烈士陵园
桐城市烈士陵园
宿松县烈士陵园

湖　北　省

大悟县
中共宣化店镇东峰庵党支部旧址

中共汪洋店党支部旧址
陂孝北县苏维埃政府旧址
大悟新四军第五师旧址群
大悟宣化店中原军区旧址
《七七日报》报社旧址
礼山自治县民主政府旧址
罗陂孝农民自卫队组建地遗址
红军第一架飞机诞生地遗址
周恩来同志与美蒋代表谈判旧址(湖北会馆)
中原军区大会场旧址
阳平口战斗遗址
双桥镇战斗遗址
余河战斗遗址
墨关革命洞遗址
韩锡寺革命洞遗址
中原军区首长宿舍旧居
徐海东故居
刘华清故居
陈海松故居
谢祥军故居
杨松故居
能畈烈士墓
鄂豫边区革命烈士陵园
徐海东亲属烈士陵园
丰王店歼灭战烈士纪念碑
宣化店革命烈士纪念碑
枣林岗起义纪念碑
宣化店中原突围纪念馆
大悟县革命博物馆

黄冈市黄州区

黄冈县第一个党小组(陈策楼)旧址
聚星学校遗址
中国工农革命军第六军组建地遗址
中共白潭湖分部遗址

贺龙演说地旧址
陈潭秋故居纪念馆
刘子通故居
抗日无名烈士纪念碑

团风县

回龙山农民暴动旧址
黄冈中心县委旧址
包惠僧故居
林荷先烈士墓
渡江烈士公墓
陈学渭烈士墓
卢家河红二十八军无名烈士墓
黄冈革命烈士陵园

红安县

九月暴动指挥部遗址
黄安县苏维埃政府旧址
紫云区农民协会旧址、鄂豫皖红军总医院旧址
列宁市列宁小学旧址
黄安县七里坪工会旧址
列宁市苏维埃合作社饭堂旧址
鄂豫皖特区苏维埃银行旧址
红军中西医药局旧址
列宁市经济公社旧址
红四方面军总指挥部旧址
七里坪革命法庭旧址
中共黄安县七里区委员会旧址
毛屋咀红军兵工厂旧址
红二十八军军部旧址
红军缝衣厂旧址
红二十八军新兵营招兵处旧址
鄂豫皖边特区苏维埃政府旧址
鄂豫皖政治保卫局第三分局旧址
红军招募处旧址
鄂豫皖特区革命军事委员会旧址

红四方面军彭杨军政学校旧址
中共鄂豫皖省委会旧址
中共红安中心县委旧址
黄安七里区防务会旧址
中共鄂豫皖省委会和红二十五军军部旧址
红四方面军第二十五军军部旧址
红二十五军军部、鄂东北道委会旧址
黄安县农民协会旧址
王兴禄农民夜校旧址
黄安县仙居区（红安五区）九乡苏锥埃政府旧址
黄安县二程区（红安六区）苏维埃政府旧址
黄安县八里区（红安八区）七乡苏维埃政府旧址
河口县苏维埃政府政治保卫局旧址
抗日军政干部训练班旧址
黄安县七里区农民协会旧址
西汪家革命旧址
陂安南县革命旧址群
红安县苏维埃政府旧址
鄂豫皖革命军事委员会兵工厂旧址
中共黄安县委会旧址
黄安战役前线指挥所旧址
新四军第五师兵工厂旧址
枣林岗抗日训练班旧址
安南行政委员会旧址
安麻行政委员会旧址
鄂豫皖特区苏维埃政府旧址
新四军第五师师部旧址
新四军第五师鄂豫边区第一军分区司令部旧址
新四军第五师十三旅三十七团团部旧址
中共鄂东北道委旧址——止止洞
中共红安县委旧址
红二十八军七里坪谈判旧址
列宁市彭湃街遗址
列宁市杨殷街遗址

列宁市南一门遗址
列宁市光浩门遗址
秦绍勤烈士就义处
黄麻起义会议遗址
清水塘会议会址
黄才畈会议会址
中份下湾革命标语
李家洼革命标语
许家田革命标语
万家河革命标语
麻园湾革命标语
祝家楼村（革命）宣传标语
董必武故居
李先念故居纪念园
郑位三故居
秦基伟将军故居
王建安将军故居
王诚汉将军故居
陈锡联将军故居
周纯全将军故居
郭天民将军故居
韩先楚将军故居
戴克敏烈士故居
徐延发烈士墓
张南一烈士墓
程昭续烈士墓
赵赐吾烈士墓
江竹青烈士墓
田开寿烈士墓
李文焕烈士墓
陶家边（回龙寺）红军烈士墓群
王锡九黑洼红军烈士墓群
姜家岗红军烈士墓群
红四方面军诞生地纪念碑

七里坪革命烈士纪念碑

黄麻起义和鄂豫皖苏区纪念园

罗田县

中共罗田支部旧址

店员工会旧址

中共商罗麻特别支部遗址

中共黄罗麻特别支部旧址

红一军军部遗址

第二野战军第六纵队司令部旧址

鄂豫军区第四军分区驻地旧址

鄂豫皖边区剿匪指挥部旧址

吴光浩烈士就义地

石桥铺会议遗址

李梯云烈士墓

曹剑影烈士墓

刘德峰等五烈士墓

徐家垮烈士墓

金翰高烈士墓

廖惠安烈士墓

簰形地烈士墓

何宝善烈士墓

胜利烈士陵园

五二九惨案烈士纪念碑

三里畈烈士亭

大别山革命史展室

英山县

红二十五军军部旧址

英山县烈士陵园

红二十七军纪念碑

浠水县

抗日五大队指挥所旧址(革命洞)

抗日民主政府(蕲太英浠边军民联合办事处)旧址

洗马畈战斗遗址

白石山战斗遗址

詹淑文烈士墓

夏葆钟烈士墓

曹云路烈士墓

张光化、张光祖烈士墓

袁云青等三烈士墓

祁开枝烈士墓

高坤烈士墓

王济斋烈士墓

阵亡九烈士墓

杨晓泉烈士墓

杨冠群烈士墓

十三庙革命烈士纪念碑

三角山无名烈士纪念碑

红二十八军游击根据地纪念碑

蕲春县

蕲北中共詹家山支部旧址

中共蕲太英边工委旧址

高山铺清水河战役指挥部旧址

红军长定卡交通站旧址

解放蕲州战斗遗址

柳林塆革命遗址

邝铁烈士墓

田南村烈士墓

何寿堂烈士墓

朱献庭烈士墓

梁桂华烈士墓

梅仁甫烈士墓

詹文卿烈士墓

乔林烈士墓

陈杰烈士墓

聂庆太烈士墓

熊荣华烈士墓

张承旺烈士墓

刘邓大军株林河战斗烈士公墓

蕲州革命烈士陵园
高山铺清水河战役纪念碑
蕲春县蒋家山革命烈士纪念碑
董毓华烈士革命事迹陈列馆
张体学中学、张体学革命事迹陈列馆

黄梅县
中共黄梅县委员会遗址
黄梅县苏维埃政府遗址
红十五军军部旧址、红十五军成立纪念碑
新四军江北游击队第八大队成立地遗址
乌珠尖抗日烈士殉难地
太平洞战斗遗址
熊桐柏烈士墓
王绍之烈士墓（衣冠冢）
李尚达烈士墓
吴铁汉烈士墓（纪念碑）
吴寄余烈士墓
高寿山、吴友梅、吴连柱烈士墓
柳济汉烈士墓
柳步月烈士墓
鄢国清烈士墓
鄢紫婷烈士
柳真吾烈士墓
杨鼎烈士墓
张获伯烈士墓
熊映楚烈士墓
邢家镇烈士墓
沈建华烈士墓
柳林烈士陵园
宛希俨、宛希先烈士陵园
邓雅声烈士陵园
黄梅县烈士陵园

麻城市
中央农民运动讲习所学生军指挥部（乘马会馆）旧址

鄂东抗日游击挺进队队部旧址
红四军军部旧址
鄂豫军区司令部旧址
中共麻城县委旧址
麻城城区六乡农民协会旧址
麻城县农民协会遗址
鄂豫皖红军总医院二分院旧址
麻城县苏维埃政府旧址
大河铺乡苏维埃政府旧址
细伍家冲兵工厂旧址
红军饭店遗址
红四方面军攻打麻城指挥部旧址
天台寺红军标语
杨泗寨战斗遗址
得胜寨战斗遗址
王树声故居
陈再道故居
王宏坤故居
武昌中央农民运动讲习所学生军烈士墓
王幼安烈士墓
万永达烈士墓
朱正秋等十烈士墓
余清烈士墓
金家垸无名烈士墓
刘文蔚、刘文炳烈士墓
罗七姐烈士墓
麻城市烈士陵园
邱家畈会议遗址纪念碑
麻城市革命博物馆
可行桥烈士纪念塔

武穴市

广济县第一个农村党支部旧址
朱熙克、朱熙福烈士墓
刘象贤烈士墓

宋振东烈士墓
汪新烈士墓
张其雄烈士墓
陆端甫烈士墓
张凤林烈士墓
李金山烈士墓
崔家山革命烈士陵园
红色渡口纪念碑

河 南 省

信阳市浉河区
中共豫南中学支部旧址
三里店徐家大湾旧址
中共信阳大同医院支部旧址
信阳平民工厂罢工旧址
中共信阳中心县委旧址
中共河南省立第二女子师范支部旧址
中共信阳省立第三师范支部旧址
河南省农民自卫军训练所旧址
中共信阳党团独立支部旧址
中共信阳县委和豫南特委旧址
中共信阳县柳林支部旧址
新四军抗大学校旧址
中共信随桐县委旧址
新四军五师师部旧址
中共豫鄂边(信应)地委旧址
中共信南县委旧址
新四军五师修械所旧址
新四军五师后勤医院旧址
新四军五师印钞厂旧址
新四军五师机要室旧址
《先锋报》报社旧址

四望山医院旧址

老君洞李先念抗日旧址

新四军五师前湾医院旧址

新四军五师兵工厂旧址

新四军第四野战医院旧址

贤隐洞

信阳战时书报杂志社旧址

柳林镇农民协会旧址

新四军鸦鹊湾垦荒地旧址

王家店小学旧址

袁家大楼战斗遗址

柳林事变旧址

柳林红二十五军长征途经地

中原突围柳林车站战斗旧址

平靖关战斗旧址

四望山黄龙寺会师、会议旧址

四望山会议旧址

祖师顶——四望山暴动旧址

万人坑

张瑞华故居

李先念前湾旧居

陈少敏龚家湾旧居

刘子厚龚家湾旧居

李家寨镇红九军标语旧址

耿合群等十烈士墓

张裕生烈士墓

蔡桥无名烈士墓

白庙无名烈士墓

仙女潭烈士墓

大田村新四军女战士墓

明家湾无名烈士墓

寺河村无名烈士墓

游河乡杜烈士墓

姚少卿烈士墓

潘继安烈士墓

鄂豫皖革命纪念馆

信阳市平桥区

中共鄂豫边区省委旧址

中共淮南县委旧址

佛灵山红军寨遗址

鄂豫边红军游击队诞生地旧址

李先念夜访国民党县长李德纯旧址

文敏生与国民党谈判旧址(吴仁甫故居)

红军桥

红军洞

活捉顽县长马咸扬申阳台旧址

李田战斗遗址

杜老湾赤卫队活动遗址

三官庙战斗遗址

黄家院红枪会抗暴斗争遗址

蔡冲战斗遗址

薛场战斗遗址和薛场战斗烈士墓

董必武王岗旧居

文敏生王岗旧居

申阳台烈士墓

黄云樵墓

杨杰烈士墓

罗山县

中共罗南工委旧址

中共罗山西南区委旧址

罗南县抗日民主政府旧址

罗山总工会旧址

杨店乡苏维埃政府旧址

张家塝乡苏维埃政府旧址

黄洼乡苏维埃政府旧址

山边乡苏维埃政府旧址

第三区苏维埃政府旧址

第五区苏维埃政府旧址

周党苏维埃特区政府旧址

春秋乡苏维埃政府旧址

黎楼乡苏维埃政府旧址

涂堰乡苏维埃政府旧址

青山区苏维埃政府旧址

罗山县红二十五军长征出发地何家冲纪念园

红二十八军军部旧址

红二十八军医院旧址

红一军军部暨特委前委会议旧址

中原军区十三旅司令部旧址

灵山寺军政干部会议旧址

中共罗山县第二次党代会旧址

福音堂——《罗山协议》谈判旧址

鄂豫皖红军医院分院旧址

新四军五师医院旧址

罗山青年学社旧址

朱笼抗日小学旧址

长岭岗战斗遗址

付塝农民暴动遗址

彭新店战斗遗址

万店农民起义遗址

冯河战斗遗址

陈望楼农民暴动遗址

罗山战斗遗址

朱堂店战斗遗址

刘洼战斗遗址

刘楼战斗遗址

桂店农民暴动遗址

董家墩战斗遗址

子路山农民起义遗址

王楼农民暴动遗址

程子华殷家塝旧居

杨厚益张洼村旧居

李先念何家塝旧居

潘新烈士墓

红军墓

龙山烈士墓

猫儿塆烈士陵园

潘新英雄门

潢川县

中共潢川特别支部遗址

中共潢川中心县委旧址

中共南五县特委旧址

潢川县苏维埃政府旧址

潢川战时教育工作团旧址

六一袜厂——潢川党组织早期秘密联络点旧址

三友药房——中共潢川党组织秘密联络点旧址

刘邓大军环山会议旧址

杜甫店战役（潢商战役）主战场遗址

潢光战役主战场遗址

仁和集战斗烈士集葬地遗址

中共豫东南特委纪念碑

息县

中共息县县委、潢川中心县委旧址

中共息县县委扩大会议旧址

小王湾会议遗址

辛围孜会议旧址

刘邓大军渡淮遗址

周荒坡农民暴动纪念地

小茴店战斗遗址

邹围孜事件遗址

傅腰庄烈士墓

小茴店烈士墓

杨棚烈士墓

息县烈士陵园

淮滨县

中共豫东南地委旧址

中共张庄支部旧址

中共豫皖边地委张庄集三教堂旧址
文昌宫——北庙集乡苏维埃政府旧址
周防武装暴动旧址
麻里事件旧址
高台庙革命纪念地
玉皇庙革命纪念地
淮滨县革命烈士纪念碑

光山县

中共鄂豫皖特委政治保卫局旧址
中共鄂豫皖特委干训所旧址
中共鄂豫皖临时省委党校旧址
中共鄂豫皖边特委、特苏机关旧址
鄂豫皖区苏维埃政府革命法庭旧址
中共鄂豫皖特委宣传部旧址
鄂豫皖肃反工作委员会旧址
鄂豫皖经济公社旧址
鄂豫皖边特委工农饭店旧址
鄂豫皖赤色民警局旧址
鄂豫皖区苏维埃政府政治保卫局看守所旧址
光山"学界同人研究会"旧址
光山县第一个党小组活动旧址
中共光山中心县委旧址
中共胡山店工委旧址
光山县苏维埃政府旧址
光山县苏维埃宣传部旧址
夏清区苏维埃政府旧址
扬帆区苏维埃政府旧址
砖桥区苏维埃政府旧址
望城区苏维埃政府旧址
双轮区苏维埃政府旧址
河区苏维埃、市苏维埃政府旧址
白雀园区苏维埃政府旧址
陈棚区苏维埃政府旧址
文殊区苏维埃政府旧址

光商县爱国民主政府旧址
红四军指挥部旧址
白雀园红军巷、红军井及东门楼旧址
红二十五军指挥所旧址
红二十五军七十五师指挥所旧址
泼陂河赤卫二师司令部旧址
三五九旅指挥部旧址(王震旧居)
刘伯承指挥所旧址
晋冀鲁豫野战军司令部旧址
晋冀鲁豫野战军司令部刘店旧址
晋冀鲁豫野战军指挥部旧址
刘邓首长道别纪念地
中原军区泼陂河旧址
中原军区一纵司令部旧址
花山寨会议旧址
土门坳会议旧址
简塝会议旧址
胡竹园会议旧址
南庙会议旧址
红一军党代会旧址
泼陂河四八烈士追悼会旧址
解放光山县城祝捷大会旧址
李先念办学旧址
白雀园列宁小学旧址
熊少山办学旧址
北台子战斗遗址
紫水塔战斗遗址
邬围孜、王围孜战斗遗址
钟鼓楼战斗遗址
乳台山战斗纪念地
赵破寨战斗纪念地
正江墩战斗纪念地
刘伯承北向店何寨脱险纪念地
五虎岔羊战斗纪念地

北李塆战斗纪念地
田老湾战斗纪念地
刘高山潢光战役纪念地
草鞋店伏击战遗址
郭大山阻击战纪念地
鹭鸶湾战斗纪念地
油坊店潢光战役纪念地
王园战斗纪念地
钱小寨战斗遗址
甘大山战斗遗址
斛山寨战斗纪念地
同兴集战斗纪念地
王岗战斗纪念地
陈明寨战斗纪念地
徐寺战斗纪念地
马岗战斗纪念地
孙铁铺暴动旧址
寨河大桥战斗遗址
冷大湾红军战斗纪念地
张高头红军村纪念地
吴焕先旧居
徐海东旧居
戴季英旧居
李先念王塝旧居
李先念东岳庙旧居
李先念北向店旧居
李先念董湾旧居
李先念吴畈旧居
李先念熊围孜旧居
王震旧居
熊作芳旧居
刘伯承下李湾旧居
刘伯承、邓小平刘畈旧居
陈少敏熊洼旧居

陈少敏陈墩旧居
郭述申旧居
徐宝珊旧居
钱信忠旧居
程子华旧居
熊少山故居
汪光元旧居
扶廷修旧居
尤太忠旧居
李传珠旧居
万海峰旧居
张才千旧居
王震旧居
皮定均旧居
熊立臣故居
殷仲环旧居
杜彦威旧居
钱钧故居
邓颖超祖居
吉鸿昌旧居
张体学旧居
姚志修烈士墓
铙拔顶烈士墓
张家禄墓
曹兴正烈士墓
五座楼烈士墓
熊先春烈士墓
梁祠堂革命烈士墓
李湾后山烈士墓
熊启文、夜不宿(华传济)墓
王大湾会议旧址纪念馆
白雀园肃反纪念地
白雀园殉难烈士纪念碑(地)
殷区起义纪念碑

钱小寨死难烈士纪念碑

鄂豫皖苏区革命烈士纪念碑

商城县

中共磨盘山支部旧址

中共峡口支部旧址

中共南司支部旧址

中共商光边区特委、商光边区委员会旧址

中共商城县委员会旧址

中共商城县委扩大会议（第一次党代会）旧址

中共商城县特别支部旧址

商西暴动遗址

赵湾农民暴动遗址

卢大桥惨案遗址

高斛山战斗遗址

观音山农民暴动遗址

南司暴动遗址

商城县苏维埃政府成立纪念地

赤城县苏维埃政府旧址

赤城县苏维埃银行旧址

赤城县苏维埃政府政治保卫局旧址

赤城县四区苏维埃政府旧址

赤城县四区七乡苏维埃政府旧址

赤城县四区八乡苏维埃政府旧址

赤城县一区一乡苏维埃政府旧址

赤城县五区八乡苏维埃政府旧址

商城五区苏维埃政府旧址

董洼苏维埃政府旧址

冯店乡苏维埃政府旧址

杨摆埂苏维埃政府旧址

掌店村苏维埃政府旧址

陈洼村苏维埃政府旧址

商城县政府梁家洼旧址

鄂豫皖省西河造纸厂旧址

鄂豫区党政军机关旧址

《红日》报社旧址
商城书社旧址
红四军驻地汪冲旧址
红四军诞生地旧址
红二十五军医院旧址
红二十五军与商南便衣队接头处
红二十八军墙标
金刚台红军洞旧址
朝阳洞
刘邓大军前方指挥所旧址
刘邓大军司令部竹园旧址
刘邓大军石屋洞群医院旧址
刘邓大军二纵五旅十五团团部旧址
邓小平欢度春节纪念地
邓小平为群众找牛处
刘邓大军"实行耕者有其田"墙标
红二十五军汤泉池战斗纪念地
红二十八军鸡冠庙战斗纪念地
红四方面军商潢战役指挥部旧址
刘邓大军大别山首战纪念地
刘邓大军毛山洼截击战遗址
刘邓大军刘寨村截击战遗址
刘邓大军钟铺歼灭战纪念地
蔡炳臣故居
戚先初故居
常玉清故居
徐海东冯店旧居
曹思明故居
赵杰故居
刘炳华旧居
李士怀故居
童世明故居
张祖谅故居
王霁初旧居

王树声刘畈旧居
成少甫故居
李迎希故居
楚大明故居
刘德海故居
鲍启祥故居
陈明义故居
周湾村烈士墓
上峰村烈士墓
马堰村烈士墓
新建村烈士墓
药铺村烈士墓
纸棚村烈士墓
枣树榜村烈士墓
肖畈村烈士墓
武畈村烈士墓
王畈村烈士墓
汪冲村烈士墓
陈湾村烈士墓
八斗坳红军坟
南楼村烈士墓
红二十八军十三烈士墓
张开喜烈士墓
郭店红军烈士墓群
蒋曰（月）英烈士墓
蒋延屏烈士墓
罗城村红军烈士墓群
商城县革命烈士纪念馆

新县
中共鄂豫皖中央分局、鄂豫皖省委旧址
鄂豫皖军委及红四方面军总部旧址
鄂豫皖军委航空局旧址
鄂豫皖军委被服厂（五一模范工厂）旧址
红四方面军瞭望台

鄂豫皖区苏维埃政府政治保卫局旧址

鄂豫皖区赤色邮电局旧址

鄂豫皖区苏维埃政府财政经济委员会旧址

鄂豫皖区苏维埃政府税务总局旧址

鄂豫皖区苏维埃银行旧址

鄂豫皖边苏维埃政府经济公社总社旧址

鄂豫皖省工农民主政府旧址

鄂豫皖省总工会旧址

中共新集市委、市苏维埃政府旧址

鄂豫皖第二次苏维埃代表大会及第一次党员代表大会旧址

鄂豫皖省苏维埃石印科旧址

红军独立团攻克韩家老屋民团据点遗址

邱进敏送警告信处

红军田

许继慎、周维炯牺牲纪念地

刘伯承、邓小平新集旧居

曾泉生故居

王大华故居

王世仁故居

高敬亭故居

程凯故居

杨德讲旧居

黄光霞故居

黄明铎故居

胡立信旧居

黄锦思故居

彭宗珠故居

刘腾辉烈士牺牲纪念地

鄂豫皖苏区首府烈士陵园

新集镇戴嘴烈士陵园

鄂豫皖苏区首府革命博物馆

扶山寨战斗纪念地

四面山战斗纪念地

红二十八军消灭敌便衣班纪念地

浒湾伏击战遗址

红四军浒湾歼灭战遗址

徐怀中养病旧址

余孝礼故居

康海生故居

杨乐羊早期革命活动旧址

邵山整编纪念地

打银尖战斗纪念地

大山寨战斗纪念地

凌云寺战斗纪念地

余梦痕活动旧址

杨恬故居

杨超故居

杨裕山故居

黄登忠故居

中共经光县委、县民主政府旧址

许心寨便衣队活动旧址

刘伯承、邓小平作报告纪念地

处决匪首邱秃子处

中共鄂东北道委卡房乡集镇旧址

中共红罗光中心县委旧址

中共弦西区委、区苏维埃政府旧址

古店联合办事处旧址

红二十五军后方战地医院旧址

红四方面军后方总医院三分院旧址

红军《三大纪律八项注意》歌诞生地

列宁号飞机卡房机场旧址

卡房便衣队训练班旧址

五更松旧址

中共鄂东北道委仰天窝旧址

中共鄂东地委李墩会议旧址

高山岗联席会议旧址

潭洼会议旧址

中共鄂东北道委金竹林会议旧址

胡河地方武装干部会议旧址

卡房农民暴动遗址

卡房茅草尖战斗遗址

老君山革命纪念地

林春芳故居

吴大胜祖居

王佑华故居

殷绍礼烈士故居

谭友夫故居

胡绍山故居

胡汉生故居

张宗胜故居

徐明德故居

胡贤才故居

叶建民故居

潘焱故居

潘寿才故居

三十六名红军烈士墓

四烈士墓

沈泽民烈士墓

卡房乡烈士陵园

高山寨会议旧址

徐小舟与张继武谈判旧址

高山寨伏击战遗址

罗汉村十八烈士牺牲地

沙窝镇烈士陵园

红二十八军成立纪念地

乘马区农民赤卫军指挥部旧址

鄂豫区二地委、专署、军分区诞生地

杨泗寨战斗遗址

北界河战斗遗址

桂步蟾革命活动旧址

高立忠故居

余述生故居

陈波故居

朱致平故居

张吉厚故居

郑维山将军故居

朱火华故居

张世功故居

红四方面军将士纪念馆

柴山保革命根据地遗址

柴山保革命红学旧址

经扶县首次人民代表大会旧址

柴山保第一个党小组旧址

中国工农革命军第七军司令部旧址

红十一军三十一师司令部旧址

红四方面军后方总医院一分院旧址

列宁号飞机维修地旧址

红军被服厂遗址

鄂豫皖军委兵工厂旧址

光山县苏维埃政府旧址

鄂豫边特区第一次党代表大会旧址

中共鄂东特委清水塘会议遗址

鄂豫皖边区第一次工农兵代表大会旧址

中共鄂东特委尹家嘴会议旧址

中共鄂东特委郭庄会议旧址

鄂豫边区第一次工农兵代表大会旧址

崔庄谈判旧址

河南湾战斗遗址

国民党第十八军十一连哗变投诚旧址

处决经扶县参议员杜定廉处

曹学楷诱捕处决大地主吴文璐处

李文彬养伤旧址

张百春故居

鲁加汉故居

张德发故居

程世清故居

邬贤耀故居

程永贵故居

王才贵故居

王才定故居

王志仁故居

李德生故居

吴华夺故居

柴山保革命纪念馆

田铺乡第一个党支部旧址

红二十五军万字山战斗遗址

响塘突围战遗址

韩家寨歼灭战纪念地

韩家松烈士故居

许世友将军故居

许世友将军墓

钱海鸿、宋天兴烈士墓

田铺乡烈士陵园

许世友将军纪念馆

光山县工农民主政府、红二十五军医院旧址

白石庵难民点旧址

欢送红二十五军纪念地

打鼓寨战斗纪念地

刘邓大军余冲战斗遗址

中共鄂豫皖省委龙山寨会议旧址

熊作芳故居

西河烈士墓

扶山寨战斗指挥所旧址

扶廷修故居

潘湾会议旧址

中共罗礼经光中心县委纪念地

中共经扶县委旧址

中共光麻经中心县委旧址

列宁号飞机郭家河机场旧址

鄂豫皖苏区列宁高级学校旧址

新四军四支队留守处月儿湾旧址

乱石窝会议旧址

将军洞

刘邓大军藏山炮处

红二十五军郭家河战斗纪念地

秦贤安烈士故居

郭继联旧居

刘名榜故居

肖先发烈士故居

叶成焕烈士故居

张宗耀故居

胡云龙故居

范氏兄弟将军故居

官宗礼故居

杨明山故居

晏春山烈士跳崖牺牲地

红一军司令部旧址

红一军被服厂旧址

红二十五军司令部旧址

红二十五军被服厂旧址

红四方面军后方总医院旧址

列宁号飞机箭厂河机场旧址

红军枪械局遗址

红军针工厂旧址

新四军五师华丰卷烟厂旧址

晋冀鲁豫野战军司令部箭厂河旧址

鄂豫皖边特区苏维埃旧址（鄂豫皖边区工农民主政府旧址）

鄂豫皖边苏维埃石印局旧址

鄂豫皖苏区第一个消费合作社旧址

壁书《中华苏维埃共和国土地法》大纲旧址

列宁小学旧址

黄泥塝——新县第一个党支部成立纪念地

曹门革命红学旧址

曹门农民协会旧址

詹湾革命红学旧址
郑边革命红学旧址
箭厂河乡防务委员会遗址
中共安麻经县委旧址
攻打缉私营盐卡战斗遗址
中共鄂豫皖边特委箭厂河会议旧址
中共鄂东特委木城寨会议旧址
中共鄂豫皖省委太平寨会议旧址
南冲祠堂——晋冀鲁豫野战军司令部土改动员会议旧址
红军洞
肖志贤故居
肖永银故居
肖德明故居
肖世安故居
肖良清故居
肖永智烈士故居
石和伦故居
石健民烈士故居
石生财烈士故居
程坦故居
吴战行故居
张波故居
张治银故居
周业臣故居
吴迪烈士故居
吴焕先故居
吴先恩故居
吴先元故居
吴生敏故居
高厚良故居
石世国故居
肖永正祖居
曾韬故居
汪立进故居

詹彪故居

肖良书故居

吴文桥故居

三百烈士就义纪念地

肖国清烈士就义纪念地

程儒香烈士就义纪念地、纪念碑

红四方面军烈士墓群

六烈士墓

吴焕先烈士墓

毛国兴墓

程儒香烈士墓

吴先筹烈士墓

肖国清烈士纪念碑

红一军成立地纪念碑

罗氏祠堂——中共弦南区委、区苏维埃政府旧址

新四军四支队留守处白马山旧址

新四军抗日独立六大队司令部旧址

中共鄂豫皖区党委旧址

大别山游击队与刘邓大军会合地

徐向前讲话纪念地

白沙关万人暴动旧址

游正刚故居

程荣耀旧居

寇庆延旧居

谭知耕故居

徐长勋故居

黄传龙故居

叶道友故居

晋冀鲁豫野战军司令部旧址

刘邓大军卫生部旧址

刘邓大军政治部文工团旧址

鄂豫区第二专署旧址

彭杨军政干部学校旧址

中共光麻中心县委纪念地

小姜湾会议旧址
张体学、林少南故居
李先念南冲村旧居
邓小平南冲村旧居
韩氏祠堂——红二十五军后方医院旧址
鄂豫皖军委无线电台旧址
吴氏祠堂——弦东区二乡苏维埃政府旧址
弦东区苏维埃政府临时办公旧址
张池明故居
吴先洪故居
胡立声故居
八烈士被捕纪念地
固始县
固始县苏维埃政府旧址
中共志成学校支部旧址
杨山煤矿工人武装起义旧址
红军攻克三河尖战斗遗址
大荒坡农民武装起义十八烈士墓
黑湖烈士陵园

参 考 文 献

一、理论著作

[1] 中共中央马克思恩格斯列宁斯大林著作编译局编译:《马克思恩格斯全集》第二卷,人民出版社1957年版。

[2] 中共中央马克思恩格斯列宁斯大林著作编译局编译:《马克思恩格斯全集》第三卷,人民出版社1960年版。

[3] 中共中央马克思恩格斯列宁斯大林著作编译局编译:《马克思恩格斯选集》第一卷,人民出版社1995年版。

[4] 中共中央马克思恩格斯列宁斯大林著作编译局编译:《马克思恩格斯文集》第一卷,人民出版社2009年版。

[5] 中共中央马克思恩格斯列宁斯大林著作编译局编译:《列宁全集》第二十五卷,人民出版社1988年版。

[6]《毛泽东选集》,人民出版社1991年版。

[7]《邓小平文选》,人民出版社1993年版。

[8]《习近平谈治国理政》,外文出版社2014年版。

[9]《习近平谈治国理政》第二卷,外文出版社2017年版。

[10]《党的十九大报告辅导读本》,人民出版社2017年版。

[11]《习近平新时代中国特色社会主义思想三十讲》,学习出版社2018年版。

[12]《党的二十大报告辅导读本》,人民出版社2022年版。

二、主要著作

[1] 张岱年、方克立主编:《中国文化概论》,北京师范大学出版社1994年版。

[2]〔美〕巴拉克·萨莫尼、保拉·赫尔姆斯-艾伯:《美国海军陆战队作战文化》,刘华、徐铖锦译,海潮出版社2012年版。

[3] 李水弟主编:《红色文化与传承》,江西人民出版社2009年版。

[4] 张爱芹、王以第：《红色文化与道德建设研究》，中国海洋大学出版社 2008 年版。

[5] 魏本权、汲广运：《沂蒙红色文化资源研究》，山东人民出版社 2014 年版。

[6] 马静：《红色文化教育理论与实践研究》，南开大学出版社 2015 年版。

[7] 中共中央党史研究室科研管理部编：《全国重要革命遗址通览》，中共党史出版社 2013 年版。

[8] 湖北省采风委员会编：《太阳出来满天红——老根据地革命歌谣》，湖北人民出版社 1958 年版。

[9] 《鄂豫皖苏区历史简编》编写组：《鄂豫皖苏区历史简编》，湖北人民出版社 1983 年版。

[10] 中共河南省委党史资料征集编纂委员会编：《豫鄂边抗日根据地》，河南人民出版社 1986 年版。

[11] 红安县革命史编写领导小组办公室编：《红安革命歌谣选》，武汉大学出版社 1986 年版。

[12] 红安县革命史编写领导小组办公室编：《红安县革命史》，武汉大学出版社 1987 年版。

[13] 中共六安地委党史工作委员会编：《皖西革命史（1919—1949）》，安徽人民出版社 1987 年版。

[14] 徐向前：《徐向前回忆录》，解放军出版社 2007 年版。

[15] 鄂豫皖革命根据地组委会编：《鄂豫皖革命根据地》第 2 册，河南人民出版社 1989 年版。

[16] 鄂豫边区革命史编辑部：《新四军第五师抗日战争史稿》，湖北人民出版社 1989 年版。

[17] 红安县县志编纂委员会编：《红安县志》，上海人民出版社 1992 年版。

[18] 安徽省金寨县地方志编纂委员会编：《金寨县志》，上海人民出版社 1992 年版。

[19] 金寨红军史编辑委员会编：《金寨红军史》，解放军出版社 2005 年版。

[20] 台运行：《大别山红军战歌》，安徽人民出版社 2006 年版。

[21] 孙俊杰：《红二十五军军魂——吴焕先》，郑州大学出版社 2011 年版。

[22] 葛红国、裴志海：《大别山岁月》，北岳文艺出版社 2015 年版。

[23] 王胜杰、赵庆领、徐晖：《红色先锋：红二十五军长征珍闻录》，未来出版社 2017 年版。

[24] 中国抗日战争军事史料丛书编审委员会编：《中国抗日战争军事史料丛

书·新四军会议史料》(4)(5)，解放军出版社 2015 年版。

[25]〔美〕冯·贝塔朗菲：《一般系统论：基础、发展和应用》，林康义、魏宏森等译，清华大学出版社 1987 年版。

[26] 周桂钿：《十五堂中国哲学课》，北京师范大学出版社 2013 年版。

[27] 白全贵等：《信息传播：穿梭时空的无极之旅》，军事科学出版社 2003 年版。

[28] 林方主编：《人的潜能和价值——人文主义心理学译文集》，华夏出版社 1987 年版。

[29]〔美〕詹姆斯·W. 凯瑞：《作为文化的传播》，丁未译，华夏出版社 2005 年版。

[30] 张学俊、王争印等编著：《国防生思想政治教育研究》，国防大学出版社 2010 年版。

三、学术论文

[1] 刘国胜：《大别山精神综述》，《党史天地》2007 年第 12 期。

[2] 李国栋：《论鄂豫皖革命根据地的历史功绩》，《中国军事科学》2008 年第 6 期。

[3] 江峰、汪颖子：《中国红色文化生成的系统要素透析——以大别山红色文化为例》，《北京师范大学学报（社会科学版）》2010 年第 6 期。

[4] 周平：《大别山红色文化：定性·创新·传承》，《湖北广播电视大学学报》2010 年第 6 期。

[5] 石功鹏、居继清：《对大别山红色文化资源价值及其利用的思考》，《黄冈师范学院学报》2010 年第 5 期。

[6] 刘国胜：《对大别山精神研究中两个问题的理解》，《信阳师范学院学报》2010 年第 4 期。

[7] 江锋：《大别山红色文化资源保护与利用的影响因子透析》，《黄冈职业技术学院学报》2011 年第 4 期。

[8] 江峰、汪颖子：《大别山红色文化资源在教学中的价值转化模式》，《学校党建与思想教育》2011 年第 1 期。

[9] 张威、余维祥：《大别山红色文化资源在大学生理想信念教育中的价值探析》，《黄冈职业技术学院学报》2011 年第 6 期。

[10] 刘喜元：《大别山红色非物质文化资源的表现形式及其价值》，《信阳师范学院学报（哲学社会科学版）》2011 年第 4 期。

[11] 刘保昌：《大别山红色文化禀赋论》，《孝感学院学报》2011 年第 5 期。

［12］居继清、周平:《大别山红色文化资源是加强廉政教育的宝贵财富》,《经济与社会发展》2011 年第 6 期。
［13］陈荣芳:《试论大别山红色财务精神及其多元现实价值》,《黄冈职业技术学院学报》2011 年第 4 期。
［14］张威:《努力弘扬大别山精神与加强大学生理想信念教育关系探讨》,《黄冈师范学院学报》2011 年第 2 期。
［15］闫孟莲、郭立场:《论新时期大别山精神在高校思想政治教育中的养成》,《太原城市职业技术学院学报》2011 年第 4 期。
［16］张威、余维祥:《大别山红色文化资源在大学生理想信念教育中的价值探析》,《黄冈职业技术学院学报》2011 年第 6 期。
［17］何晓坚:《红色文化对构建社会主义核心价值体系的促进作用——以大别山红色文化研究为例》,《学术探索》2012 年第 10 期。
［18］江峰、李小莉:《红色歌曲的思想政治教育心理导向功能——以大别山红色歌谣为例》,《三峡大学学报(人文社会科学版)》2012 年第 5 期。
［19］徐杨巧、周平、余维祥:《试论大别山红色旅游的思想政治教育价值及其实现》,《黄冈职业技术学院学报》2012 年第 6 期。
［20］石功鹏:《试论大别山红色文化资源的生成与利用》,《黄冈职业技术学院学报》2012 年第 2 期。
［21］袁继道:《延安精神、井冈山精神、大别山精神比较研究》,《世纪桥》2012 年第 9 期。
［22］佟德元:《大别山红色文化研究综述》,《赣南师范学院学报》2013 年第 5 期。
［23］吕杰、许月明:《论大别山红色文化的历史地位》,《福建党史月刊》2013 年第 9 期。
［24］麻雪峰:《大别山红色资源的思想政治教育功能和应用路径》,《边疆经济与文化》2013 年第 5 期。
［25］张元婕:《浅议大别山红色文化的育人价值》,《成功(教育)》2013 年第 23 期。
［26］夏慧、周文洁:《大别山红色歌谣的思想政治教育心理导向功能探微》,《金融理论与教学》2013 年第 6 期。
［27］夏慧、江峰:《大别山红色歌谣的道德情感透析》,《前沿》2013 年第 4 期。
［28］麻雪峰:《高校思想政治教育与本土红色资源应用研究》,《河南科技学院学报》2013 年第 7 期。

［29］居继清、周平：《加强红色文化教育的思想政治理论课教学方法探索——以黄冈师范学院为例》，《高校辅导员学刊》2013年第5期。

［30］刘明涛：《延安精神与大别山精神比较研究》，《承德石油高等专科学校学报》2013年第1期。

［31］吴世儒：《坚守信念是大别山精神的核心所在》，《中国纪念馆研究》2013年第1期。

［32］甘忠诚：《利用红色资源开发展党性教育的理论与实践》，《学理论》2013年第6期。

［33］梁家贵：《略论大别山红色文化》，《理论建设》2014年第3期。

［34］张元婕、汪季石：《浅析大别山地区红色文化的历史特色》，《黄冈师范学院学报》2014年第1期。

［35］吕杰：《大别山红色文化与培育当代革命军人核心价值观探析》，《福建党史月刊》2014年第6期。

［36］高芸芸：《动画虚拟展示安徽大别山旧址群的研究》，《赤峰学院学报》2014年第8期。

［37］李晓娟：《新媒体环境下大别山精神传播现状》，《西部广播电视》2014年第12期。

［38］刘利：《大别山精神的科学内涵及其时代价值》，《学习月刊》2014年第10期。

［39］蔡潇、龙刚、汪季石：《大别山红色文化特色特征的研究价值探析》，《黄冈师范学院学报》2015年第5期。

［40］夏慧、汪季石：《发扬红色文化的审美价值　促进红色文化的有效传播——以大别山红色文化为例》，《新闻知识》2015年第4期。

［41］杨家余、汪翔：《论红色文化的强军价值》，《井冈山大学学报》2015年第2期。

［42］吕杰、张磊：《大别山红色文化与当代革命军人核心价值观培育》，《红色文化资源研究》2015年第1期。

［43］田青刚：《论红色资源在社会主义核心价值观中的运用——以大别山红色文化资源为例》，《红色文化资源研究》2015年第1期。

［44］陈帅名：《利用信阳红色文化资源加强大学生思想政治教育的意义》，《信阳农林学院学报》2015年第4期。

［45］居维清、叶玲：《领导干部要从红色文化中汲取人格力量——以大别山红色文化为例》，《传承》2015年第2期。

［46］张果：《大别山精神的科学内涵、当代价值与弘扬路径》，《求知导刊》

2015 年第 12 期。

[47] 刘泽双、赵毅：《大别山精神研究中存在的几个认识误区》，《老区建设》2015 年第 8 期。

[48] 田青刚：《区域优势红色文化资源视角下的价值观教育——基于大别山红色文化资源的考察》，《信阳师范学院学报》2016 年第 5 期。

[49] 夏慧、汪季石：《基于文化哲学视角的大别山红色文化多重价值论析》，《学校党建与思想教育》2016 年第 16 期。

[50] 冯金丽等：《刍议大别山红色文化资源在高校思政教学中的应用》，《科教导刊（中旬刊）》2016 年第 3 期。

[51] 周敏等：《地方院校校园文化对大别山红色文化的传承》，《科技经济导刊》2016 年第 36 期。

[52] 吴昊：《大别山地区红色资源在高校思政课教学中的运用研究》，《湖北函授大学学报》2016 年第 7 期。

[53] 王鹏程等：《大学生德育视角下的红色文化传承探究》，《湖北理工学院学报》2016 年第 1 期。

[54] 冯金丽等：《高校转型发展中红色资源的思想政治教育功能分析》，《知识经济》2016 年第 18 期。

[55] 刘晖、侯远长：《大别山精神：内容特征及传承》，《中国延安干部学院学报》2016 年第 1 期。

[56] 刘晖：《对党忠诚：大别山精神的灵魂》，《学习论坛》2016 年第 4 期。

[57] 王春亮：《勇于担当：大别山精神的鲜明品格》，《学习论坛》2016 年第 6 期。

[58] 杨文超：《从大别山抗战歌谣看大别山精神的内涵》，《赤峰学院学报》2016 年第 1 期。

[59] 乔新江：《"红旗不倒"的大别山精神》，《百年潮》2016 年第 8 期。

[60] 詹祝圆：《论董必武与大别山精神及其时代价值》，《赤峰学院学报》2016 年第 11 期。

[61] 吴昊：《大别山精神的哲学理念探索》，《湖北第二师范学院学报》2016 年第 10 期。

[62] 檀江林、项银霞：《大别山精神的凝炼、表述及时代传承》，《红色文化资源研究》2016 年第 1 期。

[63] 田青刚：《论大别山革命优良传统与长征精神之关系》，《皖西学院学报》2016 年第 6 期。

[64] 岳宗德、李明：《红色文化实践育人研究——基于大别山红色文化的

思考》,《思想教育研究》2017年第7期。
[65] 李新安:《大别山红色基因与传承》,《实事求是》2017年第3期。
[66] 梁家贵:《略论红色文化的内涵、研究方法及当代价值——以大别山红色文化为例》,《红色文化资源研究》2017年第1期。
[67] 程昌文:《当前关于大别山精神研究的现状及其趋向》,《皖西学院学报》2017年第3期。
[68] 石仲泉:《"大别山精神"刍议》,《苏区研究》2017年第4期。
[69] 吴昊:《大别山精神融入大学生理想信念教育研究》,《法制博览》2017年第4期。
[70] 张晓路:《"大别山精神"的当代价值》,《科教文汇(上旬刊)》2017年第8期。
[71] 陈陆阳:《弘扬大别山精神的对策及方式探索》,《农村经济与科技》2017年第6期。
[72] 程昌文:《大别山精神的形成要素研究》,《内蒙古财经大学学报》2017年第5期。
[73] 彭润娜:《井冈山精神与大别山精神比较研究》,《法制博览》2017年第24期。
[74] 胡遵远:《对大别山精神的再探讨》,《党史纵览》2017年第1期。
[75] 张贤裕:《大别山红色文化资源在党性教育中的开发与运用——以大别山干部学院的教学实践为例》,《继续教育》2018年第1期。
[76] 高揽月、李红顺:《大别山区红色基因在高校传承的实证研究——以豫南某高校为例》,《法制与社会》2018年第3期。
[77] 汪勇:《大别山精神的时代价值与实践意义——以中国共产党精神家园建设为视角》,《皖西学院学报》2018年第1期。
[78] 张泰城:《论红色文化资源的分类》,《井冈山干部学院学报》2017年第4期。
[79] 王洁:《党员忠诚意识的坚守与强化——来自苏共的启示》,《中共浙江省委党校学报》2015年第5期。
[80] 李建昌、姚学满:《信息化条件下坚定官兵理想信念的对策研究》,《政工研究文摘》2006年第3期。
[81] 蔡惠福、刘亚:《各级领导要鼓励支持帮助军队媒体大力创新》,《军队政治工作》2013年第10期。
[82] 郭政、王海平:《思想政治教育评估标准和方法探析》,《南京政治学院学报》2001年第5期。

[83] 孙豫峰:《高校思想政治教育评估体系的创新维度》,《思想政治教育》2009年第6期。

[84] 朱丽华、龙柯宇、王运行:《当代革命军人核心价值观教育须着力把握官兵接受度》,《西安政治学院学报》2009年第6期。

[85] 阳钶训:《结合基层官兵特点开展当代革命军人核心价值观教育》,《解放军理论学习》2009年第6期。

[86] 胡杨:《对当前旅团级单位思想政治教育情况的调查与思考》,《军队政治工作》2010年第2期。

[87] 林开云:《军队思想政治教育科学化的实现路径》,《军队政工理论研究》2012年第6期。

[88] 韩金强:《对构建部队思想政治教育评估标准的思考》,《长缨》2014年第12期。

[89] 龙秋帆、赵彬:《部队思想政治教育科学评估机制建构的逻辑考察》,《军事交通学院学报》2017年第1期。

四、学位论文

[1] 王制军:《大别山红色历史资源开发研究》,华中师范大学硕士论文,2008年5月1日。

[2] 朱慧花:《论大别山精神》,信阳师范学院硕士论文,2010年3月1日。

[3] 魏继萍:《大别山红色文化与大别山地区和谐社会构建问题研究》,信阳师范学院硕士论文,2011年3月1日。

[4] 曹祥云:《大别山地区红色文化与社会主义核心价值体系构建》,信阳师范学院硕士论文,2012年3月1日。

[5] 胡良友:《从"红色首府"到"红色纪念地"——关于大别山革命博物馆、纪念馆建构的人类学研究》,中央民族大学博士论文,2012年3月1日。

[6] 毛良升:《哲学视域中的创新研究》,中共中央党校博士论文,2012年4月1日。

[7] 涂苏豫:《大别山红色文化思想政治教育资源挖掘与应用研究》,信阳师范学院硕士论文,2013年3月1日。

[8] 张元婕:《红色文化的育人价值与实现路径研究——以大别山红色文化研究为例》,武汉理工大学硕士论文,2013年10月1日。

[9] 秦凤霞:《新时期军队思想政治"大教育"格局的构建》,聊城大学硕士论文,2014年6月7日。

［10］龙刚：《大别山红色文化资源在高中思想政治课的活化运用研究》，黄冈师范学院硕士论文，2015年4月24日。

［11］蔡圃：《干部教育培训中红色资源利用的绩效研究——以大别山干部学院为例》，郑州大学硕士论文，2015年5月1日。

［12］张永亮：《新形势下军队思想政治工作的创新研究》，西北工业大学硕士论文，2016年4月27日。

［13］汪晓冰：《大别山红色文化在中学德育中的运用研究——以黄冈大别山红色文化运用为例》，华中师范大学硕士论文，2017年5月1日。

［14］陈陆阳：《大别山精神的当代价值及对青年学生的启示研究》，河南工业大学硕士论文，2017年5月1日。

五、报纸资料

［1］《习近平在安徽调研时强调全面落实"十三五"规划纲要　加强改革创新开创发展新局面》，《人民日报》2016年4月28日。

［2］《习近平考察安徽金寨：要沿着革命前辈足迹继续前行》，《解放军报》2016年4月28日。

［3］习近平：《把思想政治工作贯穿教育教学全过程 开创我国高等教育事业发展新局面》，《人民日报》2016年12月9日。

［4］《习近平在全军政治工作会议上的重要讲话》，《解放军报》2014年11月24日。

［5］朱宏军：《信息化战争的保障之魂：透析》，《解放军报》2004年8月18日。

［6］汪谦干：《谈谈大别山红色文化的内涵》，《安徽日报》2015年6月23日。

［7］潘政：《传承红色基因，建设世界一流军队》，《中国国防报》2018年4月19日。

［8］李平：《大别山精神的内涵与当代价值》，《人民政协报》2018年5月17日。

六、网络资料

［1］习近平：《努力建设一支听党指挥能打胜仗作风优良的人民军队》，人民网，2013年3月12日。

［2］习近平：《理想信念是共产党人精神上的"钙"》，新华网，2014年3月17日。

［3］习近平:《深入推进政治建军改革强军依法治军》,新华网,2016年1月7日。

［4］《习近平治军3年,军队血脉承载红色基因》,人民网,2016年1月13日。

［5］《习近平的强军之道》,新华网,2016年1月13日。

［6］《习近平视察国防大学并发表重要讲话》,中国军网,2016年3月23日。

［7］习近平:《为把人民军队建设成为世界一流军队而不懈奋斗》,新华网,2017年7月21日。

［8］习近平:《在庆祝中国人民解放军建军90周年大会上的讲话》,党建网,2017年8月3日。

［9］《湖北省隆重纪念黄麻起义八十周年》,新华网湖北频道,2007年11月13日。

后　　记

本书是2016年度国家社会科学基金后期资助项目"大别山红色文化强军价值研究"(项目批准号16FJS003)的最终研究成果。该项目由杨家余同志主持,参与该项目研究的有杨家余、贾瑛、吕杰、周泉兴、许月明、汪翔、武欣、侯阳、鲁世山、张磊等同志。本书最后由杨家余同志修改和统稿。

本项目研究工作的开展,受到学院首长、机关和部系领导高度关注,并给予大力支持,使项目研究得以按时完成并顺利结题。书稿形成后,陆军指挥学院政委肖冬松少将、陆军指挥学院教授杨洪江少将、陆军装甲兵学院教授满开宏少将、国防大学政治学院教授何怀远少将、国防大学政治学院李峻教授、陆军炮兵防空兵学院崔卫兵教授、国防科技大学电子对抗学院姚家坤副教授、陆军炮兵防空兵学院胡梅生副教授、安徽历史文化研究中心主任翁飞博士、安徽省委党史研究院副院长苗键研究员、《江淮论坛》主编沈跃春研究员、安徽省社会科学院历史研究所所长汪谦干研究员、安徽省委党校理论所所长王生怀教授、河南省红色资源研究中心主任田青刚教授等,给予了我们热情鼓励和充分肯定,并提出了宝贵的修改意见。在此,向他们表示衷心的感谢!

本书的出版,得到了上海社会科学院出版社的大力支持。上海社会科学院出版社责任编辑邱爱园同志对本书的出版非常关心,在书稿编审过程中付出了辛劳。同时,在该项目研究过程中,我们学习、吸收了学术界的相关研究成果。在此一并表达我们崇高的敬意,并表示衷心的感谢!

由于作者水平有限,本书一定存在着疏漏和不足之处,敬请各位专家同仁批评指正。

2022年